THE
CONCEPT
MAKING

あたらしい価値のつくりかた

コンセプトの
教科書

細田高広

ダイヤモンド社

THE
CONCEPT MAKING

コンセプトの教科書

はじめに

　本書はコンセプトを「つくる」ための教科書です。どのように発想し、構想を膨らませ、言語に落とし込むのか。最初の一手から仕上げまで、一連の流れをひとつの体系にまとめています。これまで「ひらめき」や「才能」の問題として片づけられてしまっていた領域についても、可能な限り具体的な説明を心がけました。

　初心者や苦手意識がある方でも、手順どおりに（できれば粘り強く）考えてもらえれば、機能するコンセプトを生み出せるようにできています。創造的に思考と言葉を運用するのは面白いことだ、と感じてもらえるはずです。

　自己流でコンセプトをつくってきた経験者の方は「いまさら基礎から学ぶなんて」と思われるかもしれません。しかしながら、コンセプトメイキングは野球に似たところがあり、センスばかりに頼ると成果が不安定になるものです。改めて基本の動作を身につけることで、安定的に能力を発揮できるようになるでしょう。

　また、コンセプトを考える上で欠かせないインサイト、ビジョン、ミッション、パーパスといった関連するカタカナ概念についても、実際のつくり方を含めて詳しく解説しています。言葉と経営に関する総合的な理解のためにも役立てていただけるでしょう。

　教科書と名乗るからには前置きはほどほどにして、速やかに学びに入るべきかもしれません。しかし目的を理解したほうが学習効果は高まるものです。いまこの時代にコンセプトを学ぶ意味について、そして本書の成り立ちについて簡単に説明させてください。

■ コンセプトのいらない仕事はない

　ごく最近まで、日本においてはコンセプトの重要性が本当の意味で理解されていたとは言い難い状況でした。良いものを安くつくる、というデフレ型の成功体験に縛られ、新しく価値あるものを構想する仕事を避けてきてしまったのです。結果的に、日本の強みは「良いものを安く」が通用する部品産業など一部の領域に限られてしまうことになりました。その反省からでしょうか。あらゆる産業で創造的な思考を持つ人材が求められるようになってきています。

　コンセプトメイキングは一部の人の特殊な仕事である、という考え方はもう過去のものだと断言していいでしょう。起業家や開発者やクリエイターはもちろんのこと、ビジネスパーソンにとって妄想を言語化する力は必要不可欠になりました。社会人に創造性が求められる時代、コンセプトはその必修基礎科目だと言っても過言ではありません。

　ビッグデータ、AI、DX、ブロックチェーン、WEB3.0、量子コンピューターなどの技術テーマは、次から次へと取り沙汰されては消えていきます。しかし、次にどんなテクノロジーが登場しようとも、ビジネスの本質的課題は変わりません。問われるのは「誰のためになにを創造するか」という1点なのです。

■ 言葉は万物のプロトタイプになる

　新しいプロダクト、サービス、コンテンツ、ソリューション、事業。世界にまだない「なにか」をつくろうとするとき、その「なにか」を的確に言い当てる言葉もまた、世界にまだ存在しません。語ることができなければ、思考を深めることも、仲間と議論することも不可能です。つくる人は、なにより先に言葉をつくることになります。

　本当にすべての仕事が言葉を必要とするのか？　と疑う人もいるかもしれません。非言語の能力が起点になる業態もあるはずだ、という反

3

論もあるでしょう。ところが、センスや感覚が重要なジャンルであっても、創造プロセスをよく見れば、その始まりで言葉が決定的な役割を果たしていることに気がつきます。

　例えば日本を代表するファッションブランドのイッセイミヤケは、「**東洋と西洋を超越する世界服**」を目指し「**一枚の布**」というコンセプトを掲げて服をつくり続けています。カラダと布がつくる空間のシルエットと、動くたびに肌が感じる布の感触の心地よさ。それを1枚の布から立体的につくり上げることで、普遍性のあるファッションを提案してきました。プリーツプリーズをはじめとするイノベーティブな服の起源は、深淵でシンプルな言葉だったのです。創業者亡き後も「一枚の布」は後進のデザイナーに受け継がれ、それぞれの独自の解釈を経由してさらなる発展を遂げようとしています。

　ファッション業界においても、企業姿勢で確固たるブランドが構築できることを証明したのが「**徹底的な透明性**」をコンセプトとするアメリカのファッションブランド、エバーレーンです。業界の闇とも言える不透明な価格設定や、環境に負荷をかける大量廃棄の問題に対して正々堂々と向き合い、すべてをつまびらかにすることで、若い世代の支持を集めました。

　かつてマンネリ化していた香水業界に、新しい風を吹き込んだフレデリック マルのブランドコンセプトは「**香りの出版社**」。黒子的存在だった調香師を前面に押し出し、ブランドを才能ある調香師に寄り添う編集者として捉え直したのです。マスマーケティング化が進み、万人受けする香りが正解とされていた業界に、再び個性と刺激を持ち込むことに成功しました。

　建築では、金沢市の中央にある金沢21世紀美術館が好例です。360度をガラスで囲まれた開放的な建築は、人がどの方向から来ても通り抜けることができる設計で裏側を持ちません。アートの愛好家だけでなく市民にも広く愛されるこの場所は「**まちに開かれた公園のような美術館**」

というコンセプトを伴って生まれました。

　デザインや図面などビジュアルが決定的な役割を果たす業界でさえ、その本質部分の設計は言葉が担っているのです。より論理的なコミュニケーションが求められる業界でのコンセプトの重要性は、言うまでもありません。

　モノかサービスか。ハードかソフトか。民間企業か行政か。商材や主体の違いによって、生み出すプロセスは千差万別です。けれども優れたつくり手にはコンセプトを上手に活用しているという共通項があります。なにもないところから新しい言葉をつくっては仲間や顧客に提示し、議論し、惜しげもなく壊して、再びつくりあげる。コンセプトはお金の1円もかからない試作品、つまりプロトタイプの役割を果たすのです。

■ 機能より意味を買う時代

　コンセプト思考を持つ人は、これからの社会でますます重要になっていくに違いありません。産業構造の変化に伴ってコンセプトへの要求水準が日に日に高まっているからです。ストックホルム経済大学のロベルト・ベルガンティ教授は、現代では技術や機能以上に「意味のイノベーション」が求められていると指摘しています。

　教授が例に挙げるのはロウソクです。電球の発明によって、暗がりをなくすというロウソクの機能的役割は終わりを迎えました。私たちはロウソクの明かりを、せいぜい停電のときの備えくらいにしか認識していませんよね。ところが、ロウソクの売り上げは2000年代以降も多くの先進国で伸び続けているのです。なぜでしょうか。それは現代人がロウソクに「明かりを灯す」に代わる意味を見つけたからです。電気の時代、ロウソクはキャンドルへと名前を変え、「あたたかい雰囲気をつくるもの」や「香りを楽しむもの」として生き残ることになりました。最先端のLED電球よりもはるかに高額なキャンドルまで存在します。この価値

の逆転現象は技術的先進性だけをイノベーションと呼ぶ発想では、永遠に理解できません。

　機能やスペックが成熟した市場では、意味が買われるようになっていく。このような変化がいま、多くの産業に押し寄せています。

■ 言葉に働いてもらう、という発想

　コンセプトメイキングは日常業務の生産性向上にも良い影響をもたらします。機能するコンセプトをつくることができれば、曖昧だったアイデアを明確に仲間に伝えられるでしょう。コンセプトは口の端に乗って広まり、あなたの参加していない社内外の会議を盛り上げたり、新たな発想を誘発したりするかもしれません。コンセプトは決裁者へのプレゼンの成功率も高めます。エグゼクティブほど簡潔で芯を捉えた提案を求めているからです。さらにその先、コンセプトはマーケティングの起点となり、広告や商品に姿を変えて生活者のもとへと届けられていきます。

　チームビルディングに、交渉に、プレゼンテーションに、マーケティングに。コンセプトは独り歩きして現場から現場へと駆け巡って仕事をこなしてくれるのです。忙しくて新しいアイデアに取り組む時間がない、という人こそコンセプトを学ぶメリットがあります。投資家たちがお金に働いてもらうように、企画者はもっと言葉に働いてもらうべきなのです。

■ コンセプトにも型がある

　創造性と生産性。どちらの鍵も握るコンセプトメイキングですが、いざ学ぼうとする人たちからは「どこから始めていいか分からない」という声をよく聞きます。お勧めの書籍を聞かれても言葉に詰まるばかりでした。手に入る多くの書籍は、特定の用途に絞られたものや、誰かのたった1度の成功体験が語られているものがほとんどだったからです。

様々なビジネスシーンで汎用的に使えるような学びの体系は見当たりません。1冊でコンセプトの基本を身につけられる教科書はないものか。誰より必死に探してきたのは、ほかならぬ私自身でした。

　私は広告会社でクリエイティブディレクター、及びコピーライターとして仕事をしてきました。広告会社ですから当然、主に広告をつくってきたわけですが、それだけではありません。2000年代の中盤以降、広告やPRのプランを検討するずっと手前の段階から、事業会社に招集されるようになりました。広告をつくるときに「伝えるべき価値がない」と頭を抱えるのでは遅すぎる。コンセプト思考は、商品やサービスそのものに盛り込まれるべきである。こうした問題の根本に気がついて、言語化の勝負どころをより上流に引き上げる事業主が増えたのです。

　開発の現場に投げ込まれた当初は、コンセプトメイキングを依頼されても戸惑うばかりでした。企業や業種によって商品・サービスの開発スタイルは大きく異なります。ひとつの企業で得た知識や経験が、そのまま都合よく別の企業で当てはまるとは限りません。したがってプロジェクトごとに、全く違うアプローチを試すほかありませんでした。

　ある化粧品ブランドの開発は研究所で新技術を教わるところから始まりました。まずは実験データを正しく理解すること。その上で技術が誰のどのような悩みの解消につながり、どのような便益を提供できるかを考えブランドコンセプトにまとめていくのです。

　生活者の住まいから始まる、家電の開発プロジェクトもありました。暮らしの観察を通じて得た気づきからコンセプトの仮説をつくり、すぐさまプロトタイプに取り掛かります。2010年代前半に盛り上がったデザイン思考ブームで、一時期、こうした取り組みが急増しました。

　とあるIT企業の新規事業開発では、立ち上げを担うリーダーの想いを事業ビジョンにまとめ、そこから逆算して事業コンセプトを導きました。特定の技術もユーザーも見えていない段階では、個人の想いだけが

拠りどころになります。

　スタートアップとの仕事はまた別物です。事業の成長に合わせて、迅速にコンセプトを更新しなくてはなりません。幾度となく言葉に手を入れながら、ビジネスそのものをかたちづくっていく。柔軟性がなにより求められました。

　異なる業態の異なるテーマに向き合い、いくつもの成功と失敗を経験する。その日々は気づかぬうちに、最良の「コンセプト研究」の機会となっていたようです。基本的な原理原則を理解すると、当初はぬかるんだ地面に立つような心許なさでコンセプトを書いていた私も、徐々に確信を持って提案できるようになりました。

■ センスがすべて、という誤解

　支援先の企業からコンセプトメイキングの社内研修を担当してくれないか？　と初めて相談を受けたのは、その頃のことです。経営も開発もマーケティングもセールスも「ビジネスパーソンは全員、言葉のプロでなくてはならない」という依頼主の問題意識に大いに共感し、自分用につくった型を下敷きに、研修プログラムの開発に挑むことにしました。それから気がつけば10年以上、様々な企業や社会人大学などでコンセプトメイキングを教えています。もっと上手い伝え方はないものか。受講生にコンセプトをつくる手応えを感じてもらうにはどうすればよいか。2000人以上の受講生からフィードバックをもらい、その都度、内容をアップデートしてきました。

　本書はその成果を1冊にまとめたものです。当然、これまでに関わったビジネスパートナーや受講生の方々の声をヒントにしていますから、ある種の共同執筆だと言っても過言ではありません。そのおかげで特定の業種や職種に偏らず、広く一般に通用する内容にすることができたと自負しております。

　講義を始めた頃、多くの人がコンセプトを「センスや才能がなければ書けないもの」だと信じていることに気がつき驚きました。大きな誤解です。もしも、あなたがコンセプトに苦手意識を持っているとしたら、それはセンスがないからでも、才能がないからでもありません。ただ単に「型」を知らないだけです。実際、最初は全く書けなかった人たちが「なんだ、そうやれば良かったのか」と型を理解した途端に、周囲をハッと驚かせるコンセプトをつくりあげる光景を何度も目撃してきました。

　もちろん、どのようなジャンルでも型には型の限界があります。それだけですべてが上手くいくという魔法のツールは存在しません。しかし、あなたがいつか型の限界にぶち当たるとしたら、相応の技術を身につけたという証拠。逆説的に、本書の役割は果たせたことになるでしょう。

■■ 現実を書き換えようとする人たちへ

　コンセプトメイキングの基礎を身につけると、新しいことを企む作業をいま以上に楽しめるようになります。こんな生活ができたらいいのに。あんな社会になったらいいのに。そのままなら馬鹿にされるような妄想であっても、説得力のあるストーリーや、1行のフレーズになった瞬間、周囲の反応が変わります。一緒に実現したいと名乗り出る人や、投資したいという人が現れます。いつしかユーザーやファンがついてきます。こうしてコンセプトという名の設計図が現実に変わっていく。その感覚を1度でも味わってもらうことが、本書の究極のゴールだと言えるでしょう。

　本書はかつて自分が、喉から手が出るほど欲しがっていたコンセプトの教科書になりました。いまこの瞬間にも新しい事業を、商品を、サービスを、コンテンツを、なにかしらの新しい価値を生み出そうと奮闘している人に届き、少しでも役立てていただければ幸いです。

本題に入る前に、本書の構成を解説しておきます。

第1章	第2章	第3章	第4章	第5章	第6章
コンセプトとはなにか？	コンセプトを導く「問い」のつくり方	顧客目線で設計する「インサイト型ストーリー」	未来目線で設計する「ビジョン型ストーリー」	コンセプトをキーフレーズ化「1行化」する	コンセプトを「最適化」する

第1章

コンセプトの定義と条件を扱います。コンセプトはなにであるか、なにではないのか。良いコンセプトと悪いコンセプトはどのように見分けるのか。頭で理解するだけでなく、周囲の人に説明できるようになることを目指しましょう。

第2章

「問い」のつくり方を解説します。なぜ答えではなく、問いから始めるのか。それは問いが、私たちのものの見方を規定してしまうからです。問いをつくり変えることで新しい視点を手にするリフレーミングの手法についてもここで学びます。

第3章

問いに対する回答は、ストーリーを「設計」しながら考えていきます。第3章では「インサイト型」のストーリー設計について学びます。顧客の心理的葛藤を起点に物語を組み立てる方法です。

第4章

「ビジョン型」のストーリーでは、企業やブランドの理想的な未来像から逆算して設計します。心の中を覗くインサイト型か。未来を見通すビジョン型か。2枚のレンズを使いこなして、奥行きのあるコンセプトをつくりあげていきましょう。

第 5 章

「1行化^{キーフレーズ化}」するプロセスを解説します。鋭く効果的なキーフレーズに落とし込む手順を、基本的な構文と合わせて解説していきます。言葉のセンスと呼ばれるものが、十分にスキルとして学べるものだということがお分かりいただけるはずです。

第 6 章

「最適化」について学びます。様々なビジネス文脈で活かせるよう、汎用性の高いフォーマットを用意しました。①商品・サービス開発、②マーケティングコミュニケーション開発、③組織のコンセプト開発の3つを中心に説明します。

巻 末

最後にQ&Aコーナーを設け、よく聞かれる質問にまとめて答えました。

問いに始まり、ストーリーを設計し、1行に落とし込み、1枚にまとめていく。本書の構成は、コンセプトをつくる手順そのままです。全体の流れを学びたい方は冒頭から。進行中の案件に役立つヒントを探している方は、第1章を読んだ後は必要な章を拾い読みしてもよいでしょう。

また第2章以降、途中でミニワークをはじめ、考える機会を用意しています。制限時間は目安としてワークごとに示していますが、10分で切り上げても、粘りたければ1週間かけても構いません。時間が許す限り頭と手を動かしながら読んでください。

取り上げるコンセプトの 事例について

　本書では実際のコンセプト事例を豊富に取り上げています。どれも書籍、論文、記事、担当者本人のインタビューなどによってすでに世の中に紹介されているもので、出典は巻末の参考文献リストから見つけることができます。

　事例の選定にあたっては「新しさ」よりも「確かさ」を優先いたしました。コンセプトが具現化されてから一定の時が経ち、評価が確立したものを選んでいるということです。とはいえ、紹介した企業や商品やサービスの多くはいま現在も発展し続けています。さらに大きな成功を収めていく可能性もあれば、反対に評価が覆ってしまうこともないとは言い切れません（著者としてもユーザーとしてもそうならないことを祈っていますが）。また本書で説明した文脈とは全く別の方向へ展開されて「ズレ」が生じている可能性もあります。こうしたリスクは現代ビジネスを取り扱う書物では避けられないものです。

　ただし、どのような場合にも、本書で紹介した事例はどれも学ぶべき価値があるものだという自信が揺らぐことはありません。人の心を捉え市場を動かすという決定的な役割を果たした事例ならば、そこにはなにかしら優れたコンセプトの原理を見出すことができるはずだからです。

　また、後に評価が変わってしまうとしたら、その理由も含めて考察することで違う角度から学びになるに違いありません。

コンセプトの
CONTENTS
教科書

第 1 章 ┃ コンセプトとはなにか？

第 2 章 │ コンセプトを導く 「問い」のつくり方

第 3 章 顧客目線で設計する「インサイト型ストーリー」

第5章 | コンセプトを「1行化」する

キーフレーズ化

第6章 コンセプトを「最適化」する

第 1 章

コンセプトとは
なにか？

コンセプトほど「気まぐれ」に使われているビジネス用語もありません。定義を聞かれてもほとんどの人が答えに窮するのではないでしょうか。CONCEPTの語源は「掴む」を意味するラテン語だと言われています。それなのに、コンセプトという言葉自体に掴みどころがないとは、皮肉なものです。

　コンセプトは、どのような機能を果たすのでしょうか。いいコンセプトと悪いコンセプトの違いはどこにあるのでしょうか。第1章のゴールは、コンセプトの基本を理解することです。まずは音楽と旅に想いを馳せながら、コンセプトの役割と定義に迫ります。

1-1

コンセプトの定義

■ ロック史上初のコンセプトアルバム

『サージェント・ペパーズ・ロンリー・ハーツ・クラブ・バンド』
（以下、サージェント・ペパーズ）は、1967年6月に発売されたザ・ビート
ルズの8枚目のアルバムタイトルです。グラミー賞を4部門獲得し、全
世界で累計3200万枚も売れたこのアルバムを、ザ・ビートルズの最
高傑作と推す人も少なくありません。ローリング・ストーン誌が発表
する「歴代最高のアルバム500選」でも2003年の1位をはじめ常に上
位を維持しています。

　サージェント・ペパーズを語る上で外せないのが**「ロック史上初の
コンセプトアルバム」**という枕詞です。「史上初」という部分には異
論もあります。サージェント・ペパーズの前にも似たようなアルバム
は存在していた、などといった指摘です。これに対して完成度や歴史
的な影響などを勘案すればやはりザ・ビートルズを最初とするのが正
しいと擁護する意見もあって、スッキリと決着をつけるのは難しそう
です。しかし、このアルバムが「コンセプトアルバム」の意味を決定
づけた代表的存在であるという主張には異論はないでしょう。

　本書で注目したいのは「コンセプト」という言葉が使われた文脈で
す。コンセプトアルバムとあえて銘打つからには、通常のアルバムと
の明確な相違点があったに違いありません。ではその違いとはどこに
あったのでしょうか。

勿体ぶらずに答えてしまえば、それは**「一貫性」**です。コンセプトアルバムという概念が生まれるまで、アルバムとは単にシングル曲を束ねただけのものでした。無関係な曲の寄せ集めをアルバムと呼んでいた時代に、ザ・ビートルズは全体を貫くストーリーを持ってアルバムを製作したのです。

　アルバムの全体を構成するのは「サージェント・ペパーズ・ロンリー・ハーツ・クラブ・バンド」という架空のミリタリーバンドがバンド結成20周年をお祝いするショーを開催した、という設定です。アルバム名を冠した1曲目はショーを訪れた観客の喧騒から始まり、メンバー紹介や拍手や歓声まで収録されています。こうした演出は当時のリスナーたちを大いに驚かせました。

図1-1. ザ・ビートルズ『サージェント・ペパーズ・ロンリー・ハーツ・クラブ・バンド』

出典：https://www.universal-music.co.jp/the-beatles/products/uicy-15600/

　ジャケットのアートワークも特徴的です。ミリタリーバンドに扮したザ・ビートルズの4人を中心に、ボブ・ディラン、マリリン・モンロー、精神科医のカール・ユング、作家のエドガー・アラン・ポー、経済学者であり哲学者でもあるカール・マルクスらの顔も並んでいます。
　コンサート後に、ゲストのセレブリティたちと記念撮影をした1枚、という設定になっているのです。また、設定とストーリーを伝えるためにジャケットに歌詞を印字したのも画期的なことでした。欧米では当時、歌詞を配布すること自体が一般的ではなかったのです。

販売姿勢も一貫しています。当時、アルバムを出す際はその前後にシングルを販売するのが通例でした。しかしながら、ザ・ビートルズはサージェント・ペパーズからは1曲もシングル・カットしていません（レコード会社の都合でシングルカットされた例はありました）。それほど全体性を重んじたというわけです。

コンセプトという単語を辞書でひくと**「全体を貫く新しい観点」**（『明鏡国語辞典第二版』）などと説明されています。コンセプトアルバムを念頭に置くと、違和感なく理解できるのではないでしょうか。「掴む」という語源から出発したコンセプトは、バラバラの要素を「貫く」視点を意味するようになっていったのです。

図1-2. 辞書によるコンセプトの定義

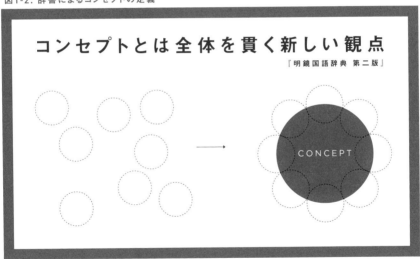

サージェント・ペパーズで追求されたのは、ひとつの観点で全体を貫く表現の可能性でした。ザ・ビートルズ以降の音楽家たちは、この「全体」をさらに大きく広げていきます。アルバムに限らず、ライブ演出や、ファッションや、言動や、曲づくりのプロセス。つくり手の人生すべてをまるでひとつの物語のように編み上げることは、いまや

音楽産業の常識になりました。音だけを売る「ミュージシャン」から、音楽を中心にした世界観全体を売る「アーティスト」へ。変化の中心にあったのが、コンセプト思考だったのです。

ここまではコンセプトの一般的な定義について解説してきました。読み進めるにあたって、図1-2に示したモデルを頭に入れておいてください。コンセプトがバラバラな構成要素を束ねる中心を担うことを示したものです。

次はビジネスシーンにおけるコンセプトについて考えていきます。ビジネスにおいては、どのような言葉が円の中心で「全体を貫く新しい観点」になり得るのでしょうか。

■ 旅の意味を変えたエアビーアンドビー

現代の起業家たちは、さながらアーティストのようです。Tシャツのようなカジュアルな服を着て髭を生やし、プライベートジェットで移動しているといった表面的なことだけではありません。コンセプトを通じて人の価値観を揺さぶろうとする姿勢に、アーティストと共通する面があるように思えるのです。

サージェント・ペパーズの発売からちょうど40年後の2007年、美大を卒業してサンフランシスコに引っ越したブライアン・チェスキーは、頭を抱えていました。ベイエリアの物価が高騰し、家賃を滞納しかねない状況だったのです。苦肉の策として思いついたのが、空いている部屋をネット経由で貸し出すというアイデアでした。ブライアンはルームメイトと協力してエアベッドを3つ置き、朝食だけ用意して宿泊客を招き入れました。告知のために制作したサイトの名前はAirBedandBreakfast.com。現在のエアビーアンドビー（Airbnb）の始まりです。

　小遣い稼ぎのはずだったビジネスは、にわかに注目を集め始めました。アメリカでは大統領選の演説や音楽フェスなど大規模イベントがある街で、しばしばホテルが予約困難になります。エアビーアンドビーはイベントのたびに生まれるホテル難民たちの需要を取り込んだのです。

　しかし、その成長にはすぐに限界が訪れます。無理もありません。似たようなサービスが他にも存在していましたし、そもそも他人の家に泊まるなんて恐いと考える人も少なくありませんでした。人々に積極的に選ばれるブランドになるために、エアビーアンドビーに何が必要か。ブライアンたちのチームは、ここで初めてコンセプトを考えることになったのです。

　思案する中でブライアンは、最初の3人のゲスト、キャサリンとアモルとマイケルのことを思い出します。ブライアンは3人をただ部屋に泊めただけではありませんでした。地元で評判のカフェに連れて行ったり、夜はバーで一緒にお酒を飲んだり。見知らぬ他人だった3人は、別れる頃にはすっかり友人になっていました。あの原体験こそがエアビーアンドビーの持つ本当の価値かもしれない、とブライアンは考え始めるのです。

　時を同じくしてチームは数ヶ月かけて、世界各地からおよそ500人のユーザーを選び、サービスに対するヒアリングを開始します。インタビューする中で、チームはユーザーからある言葉が頻出することに気がつきました。それは「居場所になる」「所属する」「一員になる」といった意味を持つ"Belonging"です。この単語との出会いがブライアンの思想に明瞭な輪郭を与えました。

　世界中どの街へ行っても同じ品質が約束されるホテルチェーンの宿泊体験は、確かに素晴らしい。しかしエアビーアンドビーならホテルとは全く異なる価値を提案することができます。ニューヨークでは

ソーホーの路地裏のロフトを独り占めし、南仏では農家の一軒家を間借りする。旅先の街に住むように時間を過ごし、カルチャーに溶け込み、ときに現地の人と交流し、新しい友だちをつくるという体験です。それらはすべて、金太郎飴のように画一的な旅行プランからはこぼれ落ちていた旅の楽しみ方でした。

　ブライアンは**「世界中を自分の居場所にする」**を企業コンセプトに据えることに決めます。ただ違う街に「行く」（Going）でも、「旅する」（Traveling）でも、「宿泊する」（Staying）でもない。**「居場所を求める」（Belonging）** ということ。エアビーアンドビーに、そして旅そのものに新しい意味が生まれた瞬間でした。

　ブライアンはコンセプトの決定をきっかけにして、エアビーアンドビーを「テックの会社」から「おもてなしの会社」に変えていくことを決意します。新しい国にサービスを導入する際は、手間とお金がかかったとしても、まずスタッフを現地に派遣し、理念に共感するホストコミュニティをつくるようにしました。そこで繰り返し強調されたのは、ホストが提供しているのは物理的な「ハウス」（住宅）ではなく、家族の居場所である「ホーム」（家庭）だということです。

　またコンセプトを象徴するサービスとして、新たに「エクスペリエンス」を開始しました。これは現地に暮らす人がガイドとなって、その土地でしか味わえない体験を旅行客に楽しんでもらうためのサービスです。例えば日本であれば、地元の銭湯に入ってから近所の居酒屋で食事をする、など現地に友達がいなければできないような体験が提供されています。

　2014年、エアビーアンドビーはコンセプトを対外的に広めるべくブランドのリニューアルを行いました。新たに開発されたシンボルマークは"Belonging"の最初の4文字をとって"Belo"（ベロ）と呼ばれ、人と場所と愛着が織りなす「世界中を自分の居場所にする」という概

念を象徴するものです（図1-3）。

図1-3. 2014年 エアビーアンドビーの新たなシンボルマークを解説するイラスト

出典：https://design.studio/work/air-bnb

　実はコンセプトやロゴを発表した当時、ファンのあいだでも賛否両論が巻き起こりました。コンセプトに対しては「ヒッピーっぽい」「単なる理想論」「みんなお金を節約したいだけ」と疑問が投げかけられ、ロゴに対しても「旅の宿なんて全く浮かばない」と酷評も少なくありませんでした。ところが、サービスの利用者が世界中で増えていくに従って、批判の声はいつの間にか消えていきます。それどころかいまではコンセプトもロゴも、世界中のスタートアップのお手本です。

　コンセプトの発表後、エアビーアンドビーは目覚ましい成長を遂げました。2020年12月の上場の際には、コロナ禍の影響が続く中、10兆円を超える時価総額を記録。どんな時代にも、人は旅をして誰かと出会い、つながりたいと願うものです。世界中で人間関係が希薄化し、多くの先進国で独り暮らし世帯が急増しています。自分の居場所があると感じられることは、ますます貴重になっていくでしょう。エアビーアンドビーはデジタル世紀に生まれた比較的新しい会社ですが、そのコンセプトは人間の根源的な欲求に根差していました。だからこそ世界中で共感されるブランドになったのではないでしょうか。

■■ なにを書いたらコンセプトなのか

「世界中を自分の居場所にする」という言葉は、必ずしも名文や美文とは言えないでしょう。英語では**"Belonging"**というたった1単語で表現されることもあります。しかし、エアビーアンドビーがなぜこの世界に必要なのか、存在意義をこれ以上ないほど強烈に言い当てています。実はここに現代のコンセプトに必要なエッセンスが凝縮されているのです。

　コンセプトの一般的な定義は「全体を貫く新しい観点」であると解説しました。現代のビジネスにおいて、その成り立ちの中心を捉えられるのは**「なんのために存在するのか」**を示す言葉です。電気の時代になぜロウソクが存在するのか。なぜ宇宙を目指すのか。なぜコーヒーを飲むのか。なぜ音楽を聴くのか。なぜその服を着るのか。なぜその本を読むのか。なぜ他人の家に泊まるのか。**コンセプトメイキングとは新たな意味を創造すること**なのです。

図1-4. コンセプトを書く指針

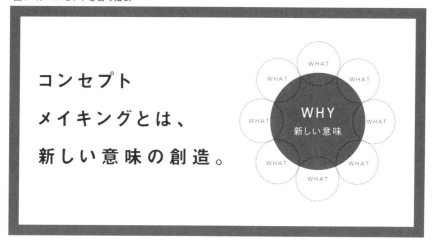

　かつて、20代で結婚を考え、自動車を買い、家を買うのが当たり

前だった時代がありました。どの人と結婚するか、どの自動車を買うか、どの家を買うか、という選択肢の悩みはあったにせよ「そもそも必要なのか」と選ぶこと自体を疑う人などほとんどいませんでした。生活者の誰もが各カテゴリーからひとつを選択するというルールで競えば、差別化だけが争点になります。結果、他とは異なる特徴的な機能やスペックを端的にまとめたものをコンセプトと呼ぶことになりました。

　現代では事情が大きく異なります。結婚ひとつとっても、もはや人生の前提条件ではありえません。結婚しない幸せがあることも社会的に合意されています。自動車に対してはカーシェアリングやタクシー配車アプリなどの代替手段がひと通り揃っていますし、家にしても住む場所に縛られない自由な生き方が注目を集めています。ファッション業界では、着飾ることも他者と差別化する発想も嫌い、普通を愛する「ノームコア」というスタイルが先進国を中心に支持されました。アルコール業界では、あえてお酒を飲まないことを楽しむ「ソバーキュリアス」というライフスタイルが無視できなくなってきています。

　人は「なにを買うか」の前に「なぜ買うか」の答えを知りたがっている。ですからビジネスもまた「それはなにか」（WHAT）ではなく「なんのために存在するか」（WHY）、**存在の意味を中心に構想**されなくてはならないのです。

■ コンセプトの機能と定義

　では、新たな意味を捉えたコンセプトは、ビジネスにおいてどのように機能するのでしょうか。ここでは大きく3つの役割を理解しておいてください。

　まず1つ目に、関わるすべての人に明確な**「判断基準」**を与えるこ

とです。なにかをつくりあげる作業は無数の意思決定の連続です。その際、コンセプトは他にはない独自の判断基準となります。コンセプトがない場合、意思決定は一般的な合理性やコストのような数値だけに委ねられることになるでしょう。結果的に、前例があって安価につくれるものばかりが量産されることになってしまいます。

2つ目は、つくるもの全体に**「一貫性」**を与えることです。大きな方向性から、細かなディテールの決定に至るまで、コンセプトがなければ整合性をとることはできません。明確なコンセプトを欠いたブランドや商品やサービスは、どこかで「ちぐはぐ」な印象を与えてしまいます。

そして最後に、顧客が支払う**「対価の理由」**になるということです。「人々が欲しいのは1/4インチドリルではない。彼らは1/4インチの穴が欲しいのだ」という経営学者セオドア・レビットのよく知られた言葉があります。モノ自体ではなく、モノが存在する意味を捉えたコンセプトは、顧客がお金を支払う理由にもなるのです。

図1-5. ビジネスにおけるコンセプトの定義

コンセプトは、価値の設計図。	1. 判断基準になる 2. 一貫性を与える 3. 対価の理由になる

意思決定の判断基準となり、全体に一貫性を与え、対価の理由になる。それは建築における図面のように、関わるすべての人の拠りどこ

ろになるものです。つくる人にとって、コンセプトとは**「価値の設計図」**だと言えるでしょう。

■ 意味と価値とモナリザ

コンセプトを説明する上では「意味」と「価値」という言葉の使用を避けて通れません。学問的には様々な論考がありますが、本書ではシンプルに「意味は価値に先立つ」という立場から2つの言葉を使い分けています。この点を理解する上で助けになるエピソードを紹介しましょう。

レオナルド・ダ・ヴィンチのモナリザと言えば、ルーブル美術館で最も有名な作品として知られています。奥行きにリアリティを生み出す空気遠近法や、色彩を重ねて輪郭を柔らかくぼかすスフマート法など、様々な技巧を駆使して描かれたレオナルド・ダ・ヴィンチの傑作です。ただし、その評価はあくまで専門家の中に留まっていました。いまのように世界中に知られた、価値ある名画としては考えられていなかったのです。

モナリザを有名にしたのは、1911年に起きた盗難事件でした。2年後に真犯人が逮捕されるまで憶測が憶測を呼び、いくつもの騒動が起こります。その中のひとつに、当時29歳だったピカソの逮捕があります。詐欺師から彫刻を買ったことがあったピカソは、当の詐欺師の逮捕をきっかけに関係者のひとりとして捕らえられたのでした。こうした一連の出来事によって、モナリザの盗難事件は世界で誰もが知る物語となりました。

「盗まれた名画」という意味は価値に跳ね返ってくるものです。モナリザの正確な価値は測りきれませんが、2021年6月にモナリザの複製品が日本円にしておよそ3億8000万円で落札されました。誰もが認める「偽物」で4億円近い価格をつけるとは驚異的です。人はモノに意

味を見出すことで、価値を感じるものだということがよく理解できる事例ではないでしょうか。こうした見地から、コンセプトメイキングとは意味を書くことで価値をつくる仕事だ、と考えられるのです。

1-2

コンセプトによる価値設計

■ スターバックス「第3の場所」

ここからは、「存在する意味」を捉えたコンセプトが「価値の設計図」として活用される様子を、具体的な事例の中で確認していきます。題材にするのは、皆さんご存知のスターバックスです。コンセプトを中心に徹底的に設計された優れたブランドとして世界中に知られており、コンセプトに関わる文献を読めば必ずと言っていいほど紹介されています。

皆さんはスターバックスの特徴をどのように説明するでしょうか。私ならまず、ゆったりとした家具のレイアウトを挙げるでしょう。広めの座席間隔が適度なプライバシーを確保しています。座り心地のいいソファやチェア、コンセントのついたテーブルは長居していいのだというメッセージになっていますね。コーヒーの香りに満ちた店内を思い出す方もいるでしょう。完全禁煙はスターバックスの特徴のひとつです。センスのいいBGMや、店員さんのフレンドリーな接客、もちろんラテやフラペチーノといった商品も忘れてはいけません。

こうしてスターバックスというブランドが持つ要素を列挙すれば、際限なく長いリストが出来上がるはずです。そのすべてに一気通貫した説明を与えられるのが**「第3の場所」**（サードプレイス）というコンセプトなのです。

35

この言葉を最初に提唱したのは社会学者のレイ・オルデンバーグでした。オルデンバーグは、現代人の生活が第1の場所である家と、第2の場所である職場の往復だけでできていることを問題視します。そして都市生活者のストレスを減らすために「第3の場所」が必要だと訴えたのです。アカデミズムのキーフレーズを現実社会に持ち込んだのが、スターバックスを世界中の誰もが知る名前にした立役者であるハワード・シュルツでした。イタリアのカフェ文化をアメリカに広めようとしていた彼は、自分がつくりたいのはまさに「第3の場所」だと気づいたのです。

図1-6. スターバックスのコンセプト構造

　図1-6をご覧ください。スターバックスを構成するあらゆる要素が、

「第3の場所」というコンセプトで説明できることを示しています。広々としたレイアウトも、身構えさせないフレンドリーな接客も、過度に盛り立てることのない選曲も、明るすぎない照明も、すべては都市生活で緊張を強いられた人々が一息つく「第3の場所」という意味の実現のためなのです。コンセプトがまさに「全体を貫く新しい観点」として機能しているのが分かります。

　このように全体と部分の説明が上手くいくのは、コンセプトと構成要素が「なぜ」（WHY）と「なに」（WHAT）の関係になっているからです。初心者にコンセプトを書いてもらうと、大抵の場合は「なにを」「どのように」といった点を書こうとします。スターバックスの場合でも、例えば「ゆったりとした空間で、おいしいコーヒーを味わえる場所」と記述することもできたでしょう。ただ、これでは部分的な説明は可能でも、接客がどうあるべきか、音楽がどうあるべきか、その他の要素の判断基準にはなりえません。すべてを決めるのは「なぜ存在するのか」という問いに対する答えなのです。

　かつてスターバックスで働くパートナーには、髪型や髪の色に制限がありました。「第3の場所」に照らし合わせて、どのような客にも不快に感じられないよう清潔感を保つべきだと考えられていたのです。

　しかし日本上陸から25周年にあたる2021年に、こうした制限が撤廃されました。多様性の時代、そこで働くパートナーが自然に振る舞えることこそが、お客様にとっても過ごしやすい場づくりにつながるから、と撤廃の理由が説明されています。髪型を制限するのも、制限をなくすのも、同じ「第3の場所」というコンセプトだったわけです。

　このように揺るぎない「なぜ」がコンセプトとして経営の中心に置かれることで、時代ごとに「なにを」「どのように」といった構成要素を解釈し直し、アップデートすることが可能になります。

■ エバーレーン「徹底的な透明性」

　エバーレーンというサンフランシスコ発祥のファッションブランドがあります。企画した製品を中間流通業者や小売店を介することなく直接販売する、いわゆるD2C(Direct to Consumer) ブランドです。

　一般的にD2Cは、既存のカテゴリーの常識を覆すような強力なビジネスコンセプトを打ち立て、プロダクトやサービスの隅々に反映させようとしますが、エバーレーンはその先駆けと言えます。コンセプトは**「徹底的な透明性」**"Radical Transparency"。ファッション業界のあらゆる暗部にメスを入れると言うのです。このコンセプトもまた、ブランドのあらゆる行動や表現を貫いています。

図1-7. エバーレーンのコンセプトステートメント

Women	Men	About	everworld stores	EVERLANE		Q A ☑

Stores　Factories　Environmental Initiatives　Our Carbon Commitment　2021 Impact Report　Cleaner Fashion

At Everlane, we want the right choice to be as easy as putting on a great T-shirt. That's why we partner with the best, ethical factories around the world. Source only the finest materials. And share those stories with you—down to the true cost of every product we make. It's a new way of doing things. We call it Radical Transparency.

　エバーレーンは、Tシャツを着るのと同じくらいの簡単さで、正しい選択ができるべきだと考えます。だからこそ私たちは、世界中から最良のエシカルな工場とパートナーシップを結んでいます。厳選された素材だけを利用しています。そして本当の製造コストに至るまでのプロセスを、皆様に隠さず共有しています。この新しい方法を、私たちは「徹底的な透明性」と呼ぶのです。https://www.everlane.com/about

　ファッション業界が隠してきた「不透明」と聞いてまず思い浮か

ぶのは、価格です。エバーレーンは労働者に支払う賃金から輸送費まで、商品にかかる実際のコストを公開してきました。図1-8のように、ベンチマークした標準的な他社製品（Traditional Retail）との比較を掲載し「顧客は値付けの根拠を知る権利がある」と主張しています。

図1-8. Tシャツにかかるコストの説明

$30

$55

OUR PRICES

Radically Transparent.

We believe our customers have a right to know how much their clothes cost to make. We reveal the true costs behind all of our products—from materials to labor to transportation—then offer them to you, minus the traditional retail markup.

Everlane T-shirt   Traditional Retail

出典：https://www.everlane.com/about

製造者の労働環境はどうでしょう。ファッションブランドが途上国の人々に過酷な労働条件を突きつけて搾取する構造が、たびたび社会問題となりました。だからこそエバーレーンはパートナーとなる工場を倫理的な条件から選ぶだけでなく、その工場のリストや契約状況、ときには工場の様子さえもウェブサイトで公開しています。

他にも製造工程で使う真水の量を減らしたり、売れ残りの焼却処分をなくすために顧客が支払う金額を選べる仕組みを導入したりと、すべての行動が「徹底的な透明性」というコンセプトを中心に設計されています（図1-9）。環境方面での対策が十分でないという指摘が入ったときも、それすら隠さず公開し、批判に応える新たな商品ラインナップを発表するなど透明な態度を貫きました。

図1-9. エバーレーンのコンセプト構造

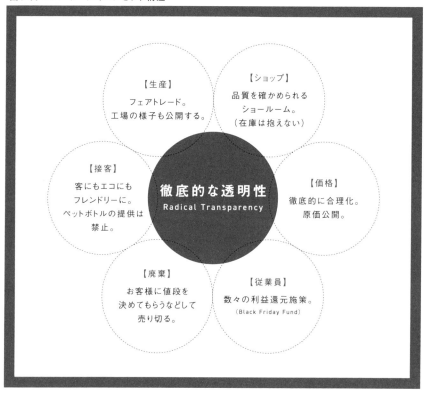

　エバーレーンは、米国で多くのファッションブランドが店を閉じた
2010年代にあっては驚異的とも言える成長を続けました。品質やブラ
ンドイメージ以上に、ブランドの思想や態度でファンを惹きつけられ
ることを証明したのです。

1-3

機 能 す る コ ン セ プ ト の 条 件

　コンセプトの定義と機能について解説してきました。しかし当然ながら、コンセプトの定義を満たしていればなんでもいいというわけではありません。世の中には、いいコンセプトと悪いコンセプトが存在します。なにが両者を分けてしまうのか。機能するコンセプトに必要な4つの条件（図1-10）を順番に説明していきます。

図1-10.

機 能 す る コ ン セ プ ト の 条 件		
1	「顧客目線」で書けているか	☑ VALUABLE?
2	「ならでは」の発想はあるか	☑ ORIGINAL?
3	「スケール」は見込めるか	☑ SCALABLE?
4	「シンプル」な言葉になっているか	☑ SIMPLE?

コンセプトの条件①
「顧客目線」で書けているか

　企業側が「これは生活を変える革新的なサービスです」と一方的に

意味を与えたところで、顧客がそのまま受け止めてくれるとは限りません。コンセプトは「誰を」「どのように幸せにするか」を明確にする必要があるのです。**喜ぶ顧客の顔がありありと浮かぶ言葉**を目指しましょう。

顔の見えないMP3プレイヤー

　世界で初めてのMP3プレイヤーは1998年に韓国のセハン情報システムズが開発したmpmanでした。その後、米国やシンガポールのメーカーが相次いで参入し、デジタルミュージックプレイヤーは百花繚乱の時代を迎えます。しかしながら、その時代は長続きしませんでした。2001年、先行する他社から3年遅れで登場したある商品が市場をかっさらってしまったからです。アップルのiPodでした。

　究極の後出しジャンケンと言われたiPodがひとり勝ちした理由としては、いくつもの細かいディテールを挙げることができます。しかし、すべてはひとつのコンセプトに起因しているのです。それが**「1000曲をポケットに」**という言葉でした。当時はまだCDやMDを使っている人が大多数だった頃です。家にあるCDやレコードのコレクションすべてがポケットに収まってしまうなんて、夢のような話だと受け止められました。スティーブ・ジョブズ自身もこう振り返っています。

「クールなものになるのはよくわかっていた。みんな、自分も絶対にひとつ欲しいって思っていたからだ。コンセプトもすごくシンプルで良かった。『1000曲をポケットに』だよ」（ウォルター・アイザックソン著/井口耕二訳『スティーブ・ジョブズ』Ⅰ・Ⅱ　講談社）

　一方で他社の開発コンセプトは**「5GBのMP3プレイヤー」**といった技術の言葉でできていました。デジタルミュージックプレイヤーを、スペックで競い合うものと捉えていたのです。たかが言葉の違いだ、と思われるかもしれません。しかし、この「たかが言葉」が大きな違

いを生み出してしまったのです。

「5GBのMP3プレイヤー」をコンセプトとする他社製品も、iPod同様に1000曲分のデータを取り込むことができました。しかし、曲を選ぶだけで10回以上ボタンを押さなくてはなりません。また曲名をディスプレイに表示させるためには、事前に1曲1曲小さなボタンを操作してアルファベットを入力する作業が求められました。最先端のスペックながら、うんざりするほど使い勝手が悪かったのです。無理もありません。開発者に課されていたのは、5GBのスペックでMP3プレイヤーをつくることです。使い勝手を考えることはコンセプトに含まれていませんでした。

　一方、アップルの開発チームはどうでしょう。「1000曲をポケットに」という言葉は「5GBのMP3プレイヤー」という言葉では決して想像することのなかった風景を見せてくれます。それは、ポケットにデバイスを入れて1000曲を自由に操る人の姿です。エンジニアから「どうやって片手で1000曲も操ればいいんだ？」という問いが生まれるのは実に自然な流れでした。チームはいくつも模型をつくって検証を重ね、指を滑らせるように使うクリックホイールという発明にたどり着きます。他にも1000曲をスピーディに転送する仕組みや、1000曲の管理をPC上のソフトウェアで行うという体験デザインも同時に考案されました。「1000曲をポケットに」という1行は、まさに設計図の役目を果たしたのです。

　ここで注目したいのは「5GBのMP3プレイヤー」と「1000曲をポケットに」が、実は同じ事実を語っているという点です。「5GB」というスペックをユーザー目線で言い換えれば「1000曲入る」になります。「MP3」という技術形式を便益の言葉に翻訳すれば「ポケットに入るサイズ」だということです。技術から語るか、顧客の側から語るか。2つのフレーズを分けているのは視点だけ。顧客に価値ある体験は、顧客目線のコンセプトから始まるのです。

AI、IoT、DX、ビッグデータ、メタバース、NFT、DAO。使うだけで賢そうに聞こえるこれらの言葉も結局は「5GBのMP3プレイヤー」と同じ、送り手都合の言葉。自己満足で終わるか、顧客の言葉に変換できるか。コンセプターの腕が試されています。

■ コンセプトの条件②
「ならでは」の発想はあるか

　顧客目線で考えられたコンセプトでも、それがすでに世の中に存在するものだったり、ありきたりでつまらないものだったりしたら意味がありません。**あなたと、あなたのチーム独自の「ならでは」と呼べる発想**を見つけましょう。

誰でも言えることには意味がない

　研修などでコンセプトを書いてもらうと必ず出てくる回答に「高品質なものを、低価格で」という言葉があります。「グッドデザイン、グッドプライス」や「価格以上に価値あるものを」などといった派生形も数え切れないほど見てきました。断言します。どれも「コンセプトもどき」の言葉です。

　高品質なものを低価格で提供することは、ビジネスにおける、ひとつの絶対善です。決してブランド固有の意味を捉えているとは言えませんね。

　ユニクロは「高品質なものを、低価格で」提供している世界的企業です。しかしながらブランドのコンセプトは別に存在しています。生活ニーズから考え抜かれ、進化し続ける服を意味する "**LifeWear**" という言葉です。

　例えばヒートテックは、人のカラダから蒸発する水分を利用して発

熱し保温性を高めるというイノベーションです。インナーを着ることによって、アウターを１枚減らし、冬の装いを身軽にするという生活変化を生み出しました。またエアリズムは、汗のベタつきやムレなど肌の不快を解消するテクノロジーでできています。これにより、夏の暑い時期には、脱ぐのではなく、逆に１枚着ることによって快適さを得るという行動を当たり前にしました。

　生活ニーズを汲み取り、イノベーションを駆使して、生活そのものを変えていく。それがLifeWearというコンセプトなのです。世界中どこを探しても、似たような意味を発信しているアパレル企業は見当たりません。ザラ（ZARA）やエイチ・アンド・エム（H&M）はマーケットでは競合として比べられますが、生活や社会に与えている意味のレイヤーを比べれば、全くもって異質な企業であることは明白です。

八方美人にコンセプトは書けない

　常識や絶対善をコンセプトにしたくなるのは、あなたが誰からも嫌われたくないと考えるからです。しかし、**きちんと誰かに愛されるためには、ときに嫌われる覚悟を持つ必要があります**。エアビーアンドビーの「世界中を自分の居場所にする」にしても、スターバックスの「第３の場所」にしても、誰のために存在するのかを決めるのと同時に、誰が対象外なのかを明確にしています。

　エアビーアンドビーはホテルが提供する、至れり尽くせりなホスピタリティを求める人々を全く相手にしようとしていません。スターバックスは、1990年代にまだ喫煙者がずっと多かった頃から、喫煙者を排除しています。当時の喫茶店文化を考えれば、少なく見積もってもヘビーユーザーの半分以上を無視したことになるはずです。

　みんなを喜ばせようとする努力は、結局、誰のことも喜ばせられないのではないか。こうした問題意識について、作家の村上春樹氏はジャズ喫茶を経営していた頃を振り返りながら次のように語っていま

す。

　店にはたくさんの客がやってくる。その十人に一人が「なかなか良い店だな。気に入った。また来よう」と思ってくれればそれでいい。十人のうちの一人がリピーターになってくれれば、経営は成り立っていく。逆に言えば、十人のうちの九人に気に入ってもらえなくても、べつにかまわないわけだ。そう考えると気が楽になる。しかしその「一人」には確実に、とことん気に入ってもらう必要がある。そしてそのためには経営者は、明確な姿勢と哲学のようなものを旗じるしとして掲げ、それを辛抱強く、風雨に耐えて維持していかなくてはならない。それが店の経営から身をもって学んだことだった。

（村上春樹著『走ることについて語るときに僕の語ること』文藝春秋より抜粋）

　強く好かれるためには、嫌われることを恐れてはいけない。コンセプターはその覚悟を持っておくべきです。

■ コンセプトの条件③ 「スケール」は見込めるか

　嫌われる覚悟を持つべきだと直前で説いておきながら、それと矛盾することを言うようですが、ビジネスコンセプトはある程度の規模が見えなくてはなりません。「10人に1人」が100人いればジャズ喫茶は続けられるかもしれませんが、全国規模のコーヒーチェーンは立ち行かないでしょう。**そのコンセプトで、ビジネス目標を達成できるボリュームを担保できるか**検証しておく必要があります。

不必要に狭めていないか
　2010年に750万人だったユニバーサル・スタジオ・ジャパン（USJ）の入場者数は、2016年には1460万人を超え、2倍に近い成長を遂げました。復調のきっかけのひとつになったのがコンセプトの見直しです。USJと言えば、開業以来**「映画の専門店」**として運営されてきま

した。ところがこの映画へのこだわりが、不必要にターゲットを狭めてしまっていることに気がついたのです。映画だけに絞っても集客が伸びないことは、数々のデータから明らかでした。

そこでUSJは新しいコンセプトを、世界最高を集めた**「エンターテイメントのセレクトショップ」**と定めました。映画に限らず、アニメやゲームやキャラクターなどあらゆるエンターテイメントのファンを取り込めるよう方向転換したのです。それは映画が最も高尚で、アニメやゲームはその下にあるという無意識のヒエラルキー発想を捨てることにもつながりました。こだわるべきは感動の最大化であって、映画の世界を守り抜くことではない。

以来、アニメでは「ワンピース」や「ドラえもん」や「鬼滅の刃」などの大ヒット作とのコラボで話題を生み出し、ゲームでは2021年に「スーパー・ニンテンドー・ワールド」を開業させるなど、世界でも類を見ない業態のテーマパークとしてUSJはいまも進化を続けています。

ターゲットからコンセプトを変えていく

マーケットの成長が鈍化しているならば、より多くの顧客がいるマーケットに移動することがひとつの選択肢になります。ターゲットが変わるとき、それはコンセプトを大きく変えるタイミングです。

1902年にアメリカで開発されたシーブリーズは、もともと**「肌のトラブルを解消する 家族の常備薬」**というコンセプトで広がりました。日本にやってきたのは1969年、アポロ11号が人類初の月世界到達に成功した年です。1980年前後を境に、シーブリーズはターゲットを家族から若い男性に変更。マリンスポーツブームの波に乗り**「憧れのマリンライフをサポートする 夏の男のスキンケア」**というコンセプトでヒット商品になります。

こうして一世を風靡したシーブリーズでしたが、2000年代に入ると売り上げは右肩下がりになります。若い人たちが前ほど海へ行かなくなったのです。マリンスポーツに代わり、これから広がる市場はないだろうか。ブランドが目をつけたのは、女子高生の汗ケアマーケットでした。汗ケアの市場は、当時、年率10%近く成長していたのです。

こうしてシーブリーズは恋する女子高生のための**「青春の汗ケア」**へとコンセプトを変えます。海風を意味するシーブリーズ。マリンスポーツではなく、青春に吹く風の意味になった結果、最も落ち込んでいた頃から比べて8倍近くの売り上げを記録するほどになりました。

家族の「常備薬」から若い男性の「日焼けケア」へ。そして女子高生の「汗ケア」へ。120年以上続くシーブリーズというブランドは、ターゲットに合わせて的確にコンセプトを進化させてきたことが分かります。

コンセプトは自己満足なポエムになってはいけません。たえずビジネス目標と照らし合わせ、検証する必要があるのです。

コンセプトの条件 ④ 「シンプル」な言葉になっているか

最後は言語的条件です。どれほど顧客目線で書かれ、どれほど独自性があり、どれほどスケールが見込めたとしても、言葉がシンプルでなければコンセプトは機能しません。コンセプトは**簡単に理解でき、覚えられ、流通する**よう、できる限り短く発話しやすい言葉で表現しましょう。

記号性を高める

例えばスターバックスのコンセプトが「都市生活に疲れたあらゆる

人が立ち寄って、ゆっくりと過ごせる場所」だったら、いまのスターバックスと同じものがつくれたでしょうか。意味は変わっていませんが、この言い回しには不都合がありそうです。

まず、理解するのに時間がかかります。1度聞いただけで覚えるのは不可能と言っていいでしょう。覚えられなければ当然、チームへの共有は進みません。せっかくのコンセプトも言葉が複雑だと発話者の先へ広がらないのです。「第3の場所」「サードプレイス」は伝えようとしている意味性はもちろん、1度聞くだけで忘れられない「記号性」があったからこそ、定着したのだと考えられます。

言葉を筋肉質にする

コンセプトメイキングの研修で、20代の男性向けの香水を課題に出したときのことです。ある受講生が「ビジネスの身だしなみのひとつとして、清潔な印象を周囲に伝える香り」というコンセプトを考えてくれました。説得力のある市場分析や競合分析があり、提案の筋としてはとてもよく理解できるものがありました。

しかしながら、コンセプトは長くてくどい。そこで、無駄な言葉を削ぎ落として必要最小限の言葉で書き直せるようやりとりを重ねました。たどり着いたのは**「香りをビジネスウェアに」**というコンセプトです。ビジネスの装いがカジュアルになる時代、ネクタイなどの見えるアイテムに代わって、見えない香りが第一印象を決めるフォーマルウェアになれるのだ、という考え方がはっきりと伝わります。無駄を削ぎ落とすことは、この例のように意味を明確化することにもつながるのです。

■ その言葉で体温は上がるか

さて、ここまで機能するコンセプトが持つべき4つの条件を説明してきました。他と比べてあまりに情緒的すぎるため、あえて5つ目に

加えることはしませんでしたが、もうひとつ、大切な検討事項があります。それは**「あなたの体温を上げる言葉か」**ということです。「1000曲をポケットに」も「世界中に自分の居場所をつくる」も、説明する当事者が興奮を抑えきれない様子で周囲に伝えていたという記録が残っています。

　どちらかと言えば冷静に語るほうが「カッコいい」とされる時代です。熱く語ることに苦手意識がある方も少なくないでしょう。しかしながら、コミュニケーションにおいて言葉の温度が持つ力は侮れません。情熱的に語られるコンセプトは、響き方が違います。その言葉が本物か、信じるに値するか、聞く人は内容以上に話す人の熱量を確かめています。

　こればかりは理屈ではありません。体温が上がる内容になっているかどうか、1度誰かに話して検証してみましょう。もしも熱を込めて話せなければ、それが本当にやりたいことなのか、考え直しても良いかもしれません。

コンセプトと似て非なるもの

　コンセプトを理解する仕上げとして、コンセプト「ではないもの」について解説していきます。

■ コンセプトはキャッチコピーではない

　「東洋の魔女」と「スピードバレー」。どちらも日本の女子バレーにちなんだ言葉です。東洋の魔女は、1960年代に活躍した女子バレーボール日本代表チームの呼び名として知られています。欧州遠征で24連勝という驚異的な結果を残した際、現地のスポーツ紙が「東洋の魔法使い」「東洋のタイフーン」といった表現で報じました。それを日本の新聞社が「東洋の魔女」と言い換えたのが始まりだったようです。1964年の東京オリンピックでソ連チームを破り、金メダルを獲得したことで東洋の魔女という言葉は日本でも広く知られるようになりました。

　一方でスピードバレーは、2016年に監督に就任した中田久美氏が提唱した言葉です。できる限り速くパスを返し、セッターは素早くボールの下に入り、相手のブロックが完成する前に打つ。レシーブからスパイクまでの時間を縮める、素早い攻撃展開を軸としたプレースタイルを意味しています。ちょっとしたミスが即失点につながるというリスクを背負いながら、あえてスピードバレーを掲げた背景には、世界の高さを速さで無効化するという狙いがありました。

　東洋の魔女とスピードバレーは、キャッチコピーとコンセプトの

違いを物語る好例です。「東洋の魔女」は典型的なキャッチコピーでした。驚異的な強さを誇る女子バレーチームの実体が先に存在し、それを広く伝えるために後から（外部の目線で）つくられるという順番で書かれたものだからです。一方の「スピードバレー」は、その真逆です。実体より先に言葉が生まれました。目指すプレースタイルは、監督の頭の中にしかありません。だからこそ、先にイメージを掴む言葉を提示して、チームや関係者をひとつの方向に向かわせたのです。**「実体を魅力的に伝える言葉」か「実体をつくる言葉」か。そこにキャッチコピーとコンセプトの大きな違いがあります。**

ただし、コンセプトとして生まれた言葉が、そのままキャッチコピーになることもあります。iPodの「1000曲をポケットに」は、開発コンセプトだっただけでなく、広告コミュニケーションでも使われました。十分に顧客目線でつくられたコンセプトであれば、エンジニアやプログラマーだけではなく、その先の生活者に対しても魅力的な表現になってもおかしくはありません。

■ コンセプトはアイデアではない

つくる現場では、アイデアとコンセプトもまた混同されがちな概念です。両者の違いはエアビーアンドビーやスターバックスの事例を思い出すとよく理解できるでしょう。

ハワード・シュルツは「イタリアのカフェ文化をアメリカにも持ち込みたい」と考えました。こうした**着想のことをアイデアと呼びます。しかしそのひらめきを放っておいても、コンセプトにはなりえません。**「イタリアのカフェ文化をアメリカにも持ち込む」という着想と「第3の場所」というコンセプトのあいだには隔たりがあります。

両者を分けるのは、顧客目線の有無です。ビジネスアイデアは「商売を始める理由」です。しかしそれがそのまま「顧客がお金を払う理

由」になるとは限りません。スターバックスの「イタリアのカフェ文化をアメリカにも持ち込みたい」という着想には、顧客の視点が欠けています。顧客にとってイタリアのカフェ文化がどのような意味を持つのか。それを言語化したのが「第3の場所」というコンセプトだったのです。エアビーアンドビーも「空いている部屋をネットで貸し出す」という思いつきから始まりましたが、「居場所をつくる」というコンセプトにたどり着くのはずっと後のことでした。

あなたのひらめきを、誰かのときめきに。**アイデアを顧客の視点で再構成したものをコンセプトと呼ぶのです。**

■ コンセプトはテーマではない

コンセプト研修の受講生に、リゾートホテルの開発を手がける企業の方がいました。その方が発表してくれたのが「ウェルネスとレジリエンス」という言葉でした。確かに現代人がリゾートに期待する内容ではありますが、何をどのようにつくるのかを示すことはできていません。つまり、価値の設計図にはなっていないのです。

この「ウェルネスとレジリエンス」はコンセプトではなく、テーマと呼ぶほうが正確でしょう。テーマには統一感を与える「主題」という意味があります。「ウェルネスとレジリエンス」というお題には、どの企業も取り組むことができます。けれど、お題に対する答えは企業によって異なるでしょう。ここにテーマとコンセプトの関係性が浮かび上がります。**テーマが向き合うべき「お題」**を指すのに対し、**コンセプトは「固有の答え」**を指すのです。

例えば「現代人のストレスと癒し」というテーマに対するスターバックスの「第3の場所」。「旅と人生」というテーマに対するエアビーアンドビーの「世界中に自分の居場所をつくる」。「アパレル産業の闇」というテーマに対するエバーレーンの「徹底的な透明性」。「デジタル

時代の音楽体験」というテーマに対するアップルの「1000曲をポケットに」。どれも「お題」と独自の「答え」の関係になっていますね。

　先ほどの受講生は「ウェルネスとレジリエンス」がテーマ（お題）であることをよく理解した上で、コンセプトを書き直してくれました。それが**「大自然の中で汗かく心地よさを」**という言葉です。生活のすべてがオンラインで済んでしまう現代人にとって、贅沢とはなにもしないことではなく、大自然の中で適度にカラダを動かすことであると考えたのです。リゾートを訪れる意味が、より明確に伝わる表現になりましたね。

　次章からはいよいよ、コンセプトづくりに入ります。できれば筆記用具を用意して読み進めてください。

☑ 一般的にコンセプトとは「全体を貫く新しい観点」である

- コンセプトアルバムとは
  最初から最後までを貫く視点を持った音楽アルバム。
- ビジネスにおいて全体を貫く中心に置くべきは
  「存在する意味」である。

☑ コンセプトメイキングとは「新しい意味の創造」である

- 「存在する意味」が決まると、なにをどのようにつくるべきか、
  諸要素が決まる。
- 人は「なにを買うか」の前に「なぜ買うか」の答えを知りたがっている。
- 例）エアビーアンドビー「世界中を自分の居場所にする」

☑ コンセプトは「価値の設計図」として機能する

- ①判断基準になる ②一貫性を与える ③対価の理由になる
- 例）スターバックス「第3の場所」
- 例）エバーレーン「徹底的な透明性」

☑ 機能するコンセプトには4つの条件がある

- ①「**顧客目線**」で書けているか。
- ②「**ならでは**」の発想はあるか。
- ③「**スケール**」は見込めるか。
- ④「**シンプル**」な言葉になっているか。

☑ コンセプトではないものたち

キャッチコピーではない
- コピーは事実を魅力的に伝えるが、コンセプトは事実そのものをつくる。

アイデアではない
- アイデアのように着想で終わらず、顧客に対する価値を言葉にする。

テーマではない
- テーマがお題を指すのに対し、コンセプトは固有の答えになる。

第 2 章

コンセプトを
導く「問い」の
つくり方

世間ではコンセプトメイキングは答えをつくる技術だ、と誤解されているようです。実際には、コンセプトの半分は問いづくりで決まると言っても過言ではありません。いいコンセプトを導くためには、筋のいい問いが必要不可欠です。

　なにか新しいものをつくるとき「問いからつくろう」という意識を持っている方は少数派でしょう。大抵の人は学校の試験を受ける感覚で、誰かしらから問いが出題されるのを待っているのです。しかし、その態度こそ日本が技術で先行しながらイノベーションで負ける、という残念な事態を繰り返した要因かもしれません。

　2000年から2005年に放送されていたNHKのドキュメンタリー番組「プロジェクトX〜挑戦者たち〜」には日本企業の伝説的エピソードがいくつも紹介されています。番組で描かれる王道のストーリーは、与えられた無理難題に必死で食らいつき技術で答えを出すという展開です。番組が一貫して讃え続けたのは難題から逃げ出さない「昭和のサラリーマン」的メンタリティでした。

　一方、21世紀型のイノベーション事例を見れば、与えられた無理難題を「問いそのものがおかしい」と見切りをつけて、より意味のある問いにすり替えるような成功パターンが支配的であることに気がつきます。ホテルの代替である民泊も、タクシーの代替であるライドシェアサービスも、既存の業界で働く人々が信じて疑わない大前提に疑問を持ち、新たな問いを立てた個人が生み出した市場です。

　与えられた既存の問題よりも、もっと価値ある問題にすり替える。学校の試験では認められませんが、ビジネスでは称賛されるべきシチュエーションもあるのではないでしょうか。技術力や忍耐力に加えて、こうした発想の転換も得意技にできたら鬼に金棒ではありませんか。

　第2章では、問いの重要性についてまず理解し、続いてアイデアが次々と誘発されるような問いのつくり方を身につけましょう。

2-1

なぜ問いが重要なのか?

■ 創造性5段階説

　人間の創造性が発展していくプロセスは、「問い」と「答え」を変数にして説明することができます。図2-1をご覧ください。

図2-1.

創造性5段階説

LEVEL5	社会や業界の前提を覆す大きな問いを立てて、答えを生み出せる。	駅で中継する交通システム
LEVEL4	自ら問いを立てて、答えを生み出せる。	車輪をつけて馬車をつくる
LEVEL3	前提条件を疑い、自ら問いを立てられる。	背中に乗るより快適な馬の乗り方は?
LEVEL2	与えられた問いに対して、たくさんの答えを考えられる。	馬を速く走らせる方法を問われて考える
LEVEL1	命じられた仕事を、工夫してより良くこなせる。	馬の体調に合わせて工夫する
LEVEL0	命じられた仕事を、きちんとこなせる。	言われたとおり馬の世話をする

LEVEL_0　命じられた仕事を、きちんとこなせる

　命じられた仕事をそのまま行うとき、創造性はほとんど必要とされません。例えばマニュアルに書かれた手順どおり馬の世話をする仕事は、体力さえあれば誰にでもできます。いつロボットに置き換えられても仕方がない領域です。

LEVEL_1　命じられた仕事を、工夫してより良くこなせる

　ところが、馬の世話に慣れてくると、人は誰しも工夫したくなってしまうものです。マニュアルには直接書いていなくても、馬の体調に合わせて餌の量や時間を変えてみたり、馬とのコミュニケーションの取り方をあれこれ試したり。人は皆、知恵を使ってより良い方法を見つけようとします。与えられたルールの中で発揮される小さな創意工夫こそが、人間の創造性の第一段階です。

LEVEL_2　与えられた問いに対して、たくさんの答えを考えられる

　日々の世話を通じて馬のことをよく理解したら、オーナーから「どうやったらより速く馬を走らせられるか?」とマニュアルには答えが載っていないことを尋ねられるようになるでしょう。その問いに対して、筋肉をつくる栄養素の観点から食事法について提案したり、コミュニケーションの観点から馬と呼吸を合わせる方法を提案したりと、自分なりの答えを出せるようになればレベル2の段階です。

LEVEL_3　前提条件を疑い、自ら問いを立てられる

　馬を速く走らせる方法を研究していたある日、あなたはふと疑問に思います。「もっと快適に馬に乗る方法はないだろうか?」と。他人から与えられるのではなく、自分だけの問いに出会ったあなたは、きっといままで感じたことのなかった心の震えを感じるでしょう。「これこそ自分が向き合うべきだ」と確信したら、いてもたってもいられなくなります。自分だけの答えを探したくなるのです。レベル3以降の段階では、あなたが問いの主体になっていきます。

LEVEL_4　自ら問いを立てて、答えを生み出せる

　馬の力を借りて快適に移動する方法を模索していたあなたは、ある日、近所の村人が手押し車を使って農作物を運んでいるのを目にします。そしてひらめくのです。馬に車を引いてもらえばいいのだ、ということに。いよいよ原初的な「馬車」の誕生です。「それまでになかった問い」が「それまでになかった答え」を誘発するという流れでコンセプトが生まれました。

LEVEL_5　社会や業界の前提を覆す大きな問いを立てて、答えを生み出せる

　馬車をつくって満足するだけでなく、馬車を中継する駅をつくり、国土の隅々まで張り巡らされた「交通システム」を構想してしまうのがレベル5です。画期的なモノやサービスをつくるに留まらず、社会の仕組みまでつくり変えてしまう。そのために何千、何万という人を動かすことになるでしょう。多くの人の生活に関わる社会システムをつくり変える。それは実務家が持ちうる創造性のうちで、最も出力の大きなものです。

■　アイデアを量産できれば　クリエイティブなのか？

　日本では創造性をレベル2の範囲内で捉える傾向がありました。ひとつの問いに対して、優れたアイデアを（可能な限りたくさん）考えられることをクリエイティブと称賛してきたのです。世の中に出回っているアイデア本の多くは、問いを疑うことなく、答えを様々な切り口から量産するための技術として書かれてきました。

　本書が考えるコンセプトメイキング、及び創造的発想とはレベル3以降を指します。それは**常識的な問いを疑うところからコンセプトを設計する**ということです。

さて、コンセプトの半分は問いで決まる、という意味はご理解いただけたでしょうか。次の項目では、取り組むべき問いの性質について考えていきましょう。

2-2

向き合うべき問いとは？

■ いい問いは、いいパスに似ている

　筋のいい問いは、サッカーにおける絶妙なパスのようです。パスの名手はまず、敵の選手を引きつけます。その間に味方を守備の手薄なほうへ走らせ、その目先にボールを送るのです。すると味方はボールと同時に2つのものを受け取ることになります。どのような動作も選べる**「自由なスペース」**とゴールを狙える**「決定機」**です。

　いい問いの作用も全く同じ。受け取った人にスペースと決定機が生まれるように、つくられるべきなのです。筋のいい問いの性質は、以下の掛け算で表現することができます。

　自由度 × インパクト

　自由度とは発想を広げられるスペースを意味しています。あの手がある、この手もある、と次々と発想が生まれてきたらそれは「自由度」が高い問いであることを示しています。反対に筋の悪い問いは、答えの選択肢を極端に狭めてしまうものです。チームでブレーンストーミングをしても、いまいち盛り上がりません。なにも想像が膨らまなかったり、チームが議論の最中に沈黙してしまったりする場合は自由度に問題があるのではないか？ と疑ってみましょう。

　もうひとつの「インパクト」には大別して2つの種類があります。

広いインパクトと深いインパクトです。

　広いインパクトとは多くの人々の生活に行き渡る影響のことを意味しています。かつてマイクロソフトは**「すべてのデスクと、すべての家庭にコンピューターを」**という企業コンセプトを掲げていました。普及させることを最優先に、初心者でもプログラミングができるBASICや、コンピューターを使うハードルを下げるウィンドウズやオフィスといったプロダクトを次々と送り出しました。これは紛れもなく「広い」インパクトを狙ったものです。

　一方、コンピューターが生まれるずっと前の1808年。**「盲目の恋人が簡単に手紙を書ける方法はないか？」**という問いに向き合っていたのが、イタリア人のペッレグリーノ・トゥーリです。トゥーリの挑戦は広いインパクトを目指したものではありませんでした。けれども、その問いに答えれば恋人の人生を変えることになります。広さはなくても「深い」インパクトをもたらす問いだったと言えるでしょう。ちなみに、このとき生まれたのがタイプライターの原型のひとつ。視覚障害者の人たちが文章を書く上で、強力なツールになりました。

■ 問いの4分類
クエスチョン・マトリックス

　この「自由度」と「インパクト」を変数にして問いの種類を整理したのが図2-2です。あなたがいま向き合っている問いはどの象限に入るでしょうか。考えながら読み進めてください。

愚問 – 考えるだけ無駄

　自由度が低い上に、答えてもインパクトが小さい。そんな「愚問」に向き合うのは、はっきり言って時間の無駄です。いますぐ問いを変更するべきでしょう。第二次世界大戦末期の日本軍の作戦行動は大体がここに当てはまります。やぶれかぶれの特攻しか選択肢がない上

に、命をかけたところでその先の展望もない。現代組織でも、こうした身動きが取れない問いで悩んでいるケースは少なくありません。

　もともとは意味ある問いだったものでも時間が経過し、周囲の環境が変わることで愚問になってしまうこともあります。その問いに答えたとき、狙いどおりのインパクトが得られるでしょうか？　その問いは議論を活性化させアイデアを誘発しているでしょうか？　2つの視点から問いが劣化していないか、定期的に検証しましょう。

図2-2. クエスチョン・マトリックス

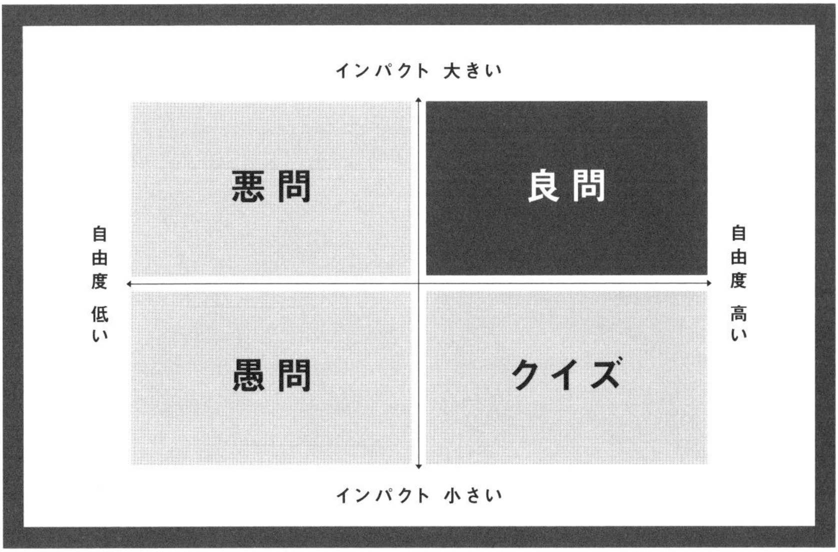

クイズ – 楽しいけれど意味はない

　自由度があり様々なアイデアが生まれるが、大きなインパクトは見込めない。「クイズ」と名付けられているとおり、右下の象限に収まる問いは、考えていて楽しいという特徴があります。だからこそ厄介なのです。

　国連が掲げる持続可能な開発目標（SDGs: Sustainable Development

Goals)。SDGsという大義名分のもとに企業が「若者の環境問題への興味を高める歌とは？」という問いを立てたとしましょう。自由に楽しくアイデアを考えられそうですね。どんなアーティストにどんな歌を歌ってもらうか。様々な選択肢が浮かびます。しかし、その答えに意味があるでしょうか。根本的解決からは遠回りしていないでしょうか。環境という問題の大きさと、アクションのサイズが噛み合っていませんね。考えやすいから、楽しいから、と自由度だけで問いを立ててしまうのは本末転倒。ただのビジネスクイズ大会になってしまいます。

悪問 – 日本の勝ちパターンだった「ど根性」の勝負

　伝統的日本企業が語り継いできた歴史的成功体験は、左上の**「悪問」**に集中しています。「ここを突破するしかない」という恐ろしく自由度の低い問いに向き合い、ほとんどの場合は失敗するが、現場の技術力でなんとか乗り越えられることがある。こうした奇跡のような成功パターンが日本のナショナルプライドを形成していると言っても過言ではありません。先ほど挙げた「プロジェクトX」のようなドキュメンタリーはもちろん、小説でもドラマでもヒットした「下町ロケット」でも、降って湧いた無茶苦茶なお題に技術力と組織力で挑むことが基本プロットになっています。

　困難から逃げない姿勢は素晴らしいものです。踏ん張るからこそ生まれてくる技術革新があることは認めざるを得ません。しかしどのジャンルでも技術が成熟し、また得意のものづくりでも新興国に追い越されつつある現状では、意義ある難問と思い込んでいたものの多くは、世界全体から見れば重箱の隅をつつくような悪問へと性質を変えています。これからの時代、悪問に向き合う以外の勝ちパターンをもうひとつ手に入れてもよいのではないでしょうか。

　それが問い自体を大きくズラすやり方です。完璧に近い品質の自動車をつくるだけでなく、それらの完成品を使った新しい「モビリティ

サービス」を問う。壊れないコンピューターをつくりながら、音楽や動画の「エコシステム」を問う。困難ではなく、自由に向き合うことも等しく尊い「挑戦」のはずです。

良問 – いまこの時代に意味ある問いを

　たくさんの答えが次から次へと思い浮かぶ。そのどれもが意味ある結果につながる。創造的な問いは、取り組む人たちを奮い立たせます。良いコンセプトをつくるためには、こうした「良問」から始めるのが近道です。目の前の問いが根性勝負の「悪問」や楽しいだけの「クイズ」になっているとしたら、問いを「すり替える」検討を始めましょう。

■ 遅すぎるエレベーター問題

「問いをすり替える」とはどういうことかを理解するために、次のような事例を考えてみてください。

　あなたは古いオフィスビルのオーナーです。もともとは印刷会社が入居していましたが、本社移転のために退去。半年近く入居者を探した結果、あるIT企業の1部門が引っ越してくることになりました。ようやく入居者が決まって安心したのも束の間、今度は「エレベーターが遅い」というクレームが多発しました。しかし、エレベーターの速度はどのように調整してもこれ以上は速くなりません。半年も空白があった上に大幅にディスカウントして誘致したので、新型のエレベーターに入れ替えるだけの資金もありません。どうにも手詰まりです。あなたなら、どのような「問い」を立てて考えますか？

　答えではなく「問い」が尋ねられていることに注意してください。「エレベーターが遅い」というクレームが発端ですから、順当に考えれば**「エレベーターの速度を上げるには？」**という問いが浮かぶはずです。しかし、最新のエレベーターを導入する余力はありません。で

きればインパクトがあるのは自明ですが、自由度は限りなくゼロに等しい。答えを出そうとすれば、借金をして工事費を負担する他に有効な選択肢がないということになります。まさに**悪問**ですね。より自由度が高い問いへとすり替えることを考えるのが得策でしょう。

　例えば、エレベーターに文句を言う**「クレーマーを追い出すには？」**という問いはどうでしょう。しかし、冷静に少し考えれば、この問いの筋の悪さに気がつくはずです。入居者がいなくなって困るのはオーナーですし、穏便に入居者を追い出す方法なんていくつも存在しません。答えが出しにくい上に、結果も望ましくない。典型的な**愚問**に当てはまりそうです。

　エレベーターが遅くて気になるならいっそ**「階段を使ってもらうには？」**という振り切った問いにすり替えるという作戦もありえます。階段を使うことで健康上のメリットもありますし、余計な電力消費を抑えることもできます。とはいえ、エレベーターの速度にクレームを入れる人たちが、本当に階段を使い続けるでしょうか？　1日、或いは、1週間という単位なら可能かもしれませんが、習慣化するためにはかなりの困難が予想されます。アイデアの自由度は高いものの、決定的な解決に導くのは難しい。残念ながら**ビジネスクイズ**止まりのようです。

　エレベーターの速度を「物理的」に変えるのは困難。では速度を「心理的」に変えることはできないでしょうか。例えば**「待ち時間を短く感じさせるには？」**という問いにするのです。これなら多額の投資を必要としませんし、階段を使わせたり追い出したり、といった無茶をやることもありません。有効な打ち手が複数考えられる上、達成できたときには速度を上げるのと同じ効果が得られます。自由度とインパクトを両立できるという点から、この状況下では**良問**だと判断できるのです。

図2-3. エレベーター問題のリフレーミング

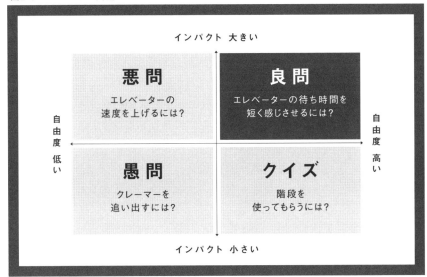

リフレーミング
問いを変えれば発想が変わる

　ちなみに待ち時間を短く感じさせるアイデアとしては、エレベーターの扉を「鏡面」にするとか、空いたスペースに「鏡を設置」するといったアイデアがあります。人は鏡があると思わず覗き込んで身だしなみを確認してしまうものです。自分の姿に気をとられているうちに、エレベーターの待ち時間が気にならなくなる効果が確認されています。他にもモニターを設置してテック業界のニュースを流したり、1分間の教養コンテンツを日替わりで用意したり。会社からの案内を貼る掲示板を用意する、といった方策も有効でしょう。

　このように問いを変えることで視点を変え、視野を広げ、それまでになかった領域での思考を導くことを「リフレーミング」と呼びます。創造性研究で知られるスタンフォード大学のティナ・シーリグ教授は「問いはすべて枠組みであり、答えはその中に収まる」とした上

で**「枠組みを変えることで、解決策の幅は劇的に変化する」**とリフレーミングの効用を説明しています。

　近代免疫学の父とも言われるエドワード・ジェンナーは、誰も答えが出せなかった「なぜ人々は天然痘にかかるのか？」という問いを捨て、**「なぜ酪農場で働く女性は天然痘にかからないのか？」**を問いました。結果、人に害の少ない牛痘の存在を発見しワクチンを発明することで、世界から天然痘をなくしてしまったのです。

　シャーロック・ホームズは、助手のワトソンの「犬はなにもしていないから事件に関係ないのでは？」という意見から**「犬がなにかするだろうと思っていたのに、なにもしなかったということは非常に重要なことではないか？」**と問いを立てて、事件を解決しました。

　問いが視点を変え、発想を変えることは理解いただけたでしょうか。では、名探偵でもない私たちが普段の業務でリフレーミングを実践するには、どうすればいいのでしょう。

2 - 3

リフレーミングを実践する

　ここからは基本的なリフレーミングの手法を説明していきます。まずは図2-4のリフレーミングシートをご覧ください。シートの中心にお題となる問いを書き込みます。周囲を8つのマスが取り囲んでいますね。ひとつひとつのマスが、問い直しのガイドです。これらに従って新しい問いをつくっていきます。左上にある「全体の問い」から始めましょう。

図2-4. リフレーミングシート

① 全体の問い 部分より全体で 解決するなら?	② 主観の問い あなただけの偏愛や こだわりは?	③ 理想の問い 目指すべき 理想の変化は?
④ 動詞の問い その行動を 再発明するとしたら?	CENTRAL QUESTION	⑤ 破壊の問い 破壊すべき 退屈な常識は?
⑥ 目的の問い それを手段にしたら 目的はなに?	⑦ 利他の問い それで社会は どう良くなるの?	⑧ 自由の問い 「　　　　　」

① 全体の問い
部分より全体で解決するなら？

　コンセプトを考えるとき、私たちはものやサービスやコンテンツを
それぞれ独立した単位で考えようとする傾向があります。自動車であ
れば自動車そのものを、洗濯機であれば洗濯機のことだけを。**部分最
適で考えず、広く全体に目を向けるのが「全体の問い」**です。洗濯機
というもの単位で考えず、汚れた服を洗濯カゴに集めるところから、
干して取り込んで畳むまで、一連の体験の中で解決できないか？　と
俯瞰した視点から考えていきます。全体を問うことでどのような効果
が得られるのか、具体例を見てみましょう。

ル・マンを制したのは「問い」だった
　1923年の第1回以来、毎年6月に行われているル・マン24時間耐久
レース。そのルールは、24時間以内に四輪でサーキットを何周できる
かを競うというシンプルなものです。変化する天候の中、何10回と給
油を繰り返しながら24時間猛スピードで5000km以上走り続けるのは
非常に過酷で、だからこそ、ここで追求された走行性能や安全性能が
自動車業界の新たな技術革新を導いてきました。

　2006年、ル・マンを制覇したのはアウディのR10 TDIレーシング
カーでした。史上初のディーゼルカーでの優勝です。アウディにはそ
れまで好成績を上げてきたガソリンエンジン（V8直噴）がありました。
それにもかかわらずなぜ、全く違う方式のディーゼルを導入できたの
か。創造的な意思決定の裏側には、開発チームのチーフ・エンジニア
が投げかけた、ひとつの問いがありました。「もしもうちの車が、他
のどの車よりも速くない場合、それでもル・マンで勝利を収めるには
どうするべきか」。

　仮にスピードで負けていたとしても、レース全体で勝つ。そのため
にはピットインの回数を減らすしかありません。するとディーゼルエ

ンジンの導入は実に合理的でした。手っ取り早く燃費効率を上げられるからです。結果、R10 TDIは2006年から3年連続で優勝を続けました。

部分の問い：もっと速いエンジンをつくるには？
    ↓
全体の問い：レース全体を通して勝てるマシンは？

　技術やもの自体で差別化するのが難しい成熟したジャンルほど、全体を見渡すような問いが必要になるでしょう。もちろんそれは「ものづくり」に限った話ではありません。

まちぐるみ、というコンセプト

　仏生山町は、香川県高松市の中心地から琴平電鉄に揺られて15分ほどの場所にあります。江戸時代初期に建てられたお寺と、同時に開かれた門前町の雰囲気を残した静かなまちで、もともとは観光地というよりも住宅地でした。しかし、ここで温泉が掘り当てられたことがきっかけとなり、少しずつ旅行愛好家から注目され始めました。

　現在、仏生山という観光地の最大の特徴は**「まちぐるみ旅館」**というコンセプトに表れています。まち全体がひとつの旅館に見立てられているのです。温泉を中心に、飲食店、書店や雑貨店、そして民家をリノベーションした客室など、まちに点在するスポットをつなぐことで旅館機能を提供する仕組みです。旅行者は町そのものを、まるでそこに住んでいるかのように楽しむことができます。もちろん、旅館をゼロから建てるような大きな投資を必要としないというメリットもあったでしょう。このプロジェクトにも部分から全体へのリフレーミングを見ることができます。

部分の問い：まちにふさわしい旅館とは？

↓

全体の問い：まち全体を旅館にするには？

問い自体が素晴らしいコンセプトになっていますね。まちおこしは各地で行われていますが、ともすると、どんな設備をつくるか？ というハコモノ発想に陥りがちです。しかし、点と点をつないで全体で大きな絵をつくる創造力さえあれば、小さな投資でも大型施設を上回る価値を生み出すことができる。仏生山町の事例はそう教えてくれているのです。

図2-5. 仏生山温泉　まちぐるみ旅館の案内図

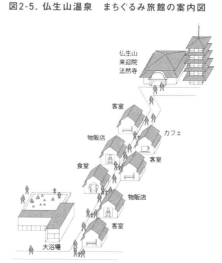

出典：https://machiyado.jp/find-machiyado/busshozan.html

② 主観の問い
あなただけの偏愛やこだわりは？

親しい友人から「白無地Tシャツの専門店」を開きたい、と相談を受けました。白Tだけでお店をつくるなんて前例がありません。これがデータとロジックだけで導き出されたアイデアであれば「上手くいくはずない」と感じたことでしょう。確かに他に競合はいないし、無地の白Tシャツの売り上げは伸びているのかもしれませんが、市場に空白があることは必ずしもチャンスがあることを意味しません。しかし、彼には妙な説得力がありました。彼自身が白Tを偏愛し、1年を通して身につけていたからです。白Tのシルエット、素材、縫製、微妙な透け感に至るまで、ワインのソムリエのような多彩な語彙で違いを語ることができました。

彼が当初掲げていた問いは「どうすれば白Tをみんなの正装にできるのか?」というものです。もしも白Tが正装として認められたら、私たちのライフスタイルはもっとシームレスで自由になるはずだ、と彼は考えていました。例えば、パーティや重要なビジネスの後に、すぐさまジムに行きたいときもあるでしょう。ジャケットの下が白Tならば、上着をパーカーなどに替えるだけでそのままカジュアルスタイルになります。どんな服にも合わせられる白Tは地上で最も万能な服。だからこそ白Tをあらゆるドレスコードを超える服にしたい、と言うのです。彼の偏愛は白Tに新しい意味をもたらそうとしていました。合理的な思考や、戦略発想では決して導かれない考え方です。

　東京の千駄ヶ谷で始まった世界初の白T専門店#FFFFFFT(シロティ)は瞬く間にあらゆるメディアに取り上げられ、週末だけの営業にもかかわらず行列の絶えないお店になりました。ちなみに、このときの問いから生まれたお店のコンセプトは"SHOW YOUR COLOR"。シンプルな白Tだからこそ、自分の個性を表現できると訴えたのです。白は無個性の色ではなく、むしろ個性を表現する色なのだという提案は多くのファッショニスタの共感を集めました。日本のみならず海外のガイドブックやファッション誌といったメディアにも絶え間なく掲載され、いまや世界中から注目されています。

客観はコモディティ　主観は希少資源

　白T専門店の運命を分けたのは問いの設定でした。以下の2つの問いを比較してください。

　　客観の問い：白Tを流行させるには?
　　　　↓
　　主観の問い：白Tをみんなの正装にするには?

「○○を流行させるには?」という問いはアパレル業界ではよく見か

ける一般的な問いです。比べるともうひとつの問いは、いい意味でズレていますね。問う人の主観が色濃く反映されています。ですが、こうした偏った問いこそがアパレル業界に風穴を開ける様子を私自身、間近で見てきました。

"The most personal is the most creative"（最も個人的なことこそが最も創造的なこと）とは、「パラサイト 半地下の家族」で2020年度のアカデミー賞を受賞したポン・ジュノ監督のスピーチで紹介されたフレーズで、もともとはマーティン・スコセッシ監督の言葉です。「個人的なこと」が創造性のきっかけになるのは映画だけではありません。ビジネスも同様です。

データとAIで客観的な答えはすぐに見つかります。しかし**主観が生み出すイレギュラーな正解は、データからは導き出せません**。常識的な問いで先が見えなかったら、あなただけの個人的な問いから始めてみましょう。

③ 理想の問い
目指すべき理想の変化は？

ビジネスシーンで与えられる問いの多くは、切実な問題に向き合う現実的なものです。それ自体は間違ったことではありませんが、目先の問いにばかり気を取られてしまうと、視点を広げられなくなってしまう可能性があります。ときには、**現実の先にある「理想」を問いかけてみましょう**。

ダイアローグ・イン・ザ・ダーク
1980年代、哲学の博士号を持つアンドレアス・ハイネッケはドイツのラジオ局で働いていました。ある日、交通事故に遭って失明した元社員が自分の部下として復帰します。「どうすれば視覚に障害がある人でもストレスなく仕事ができるか？」を考えていたハイネッケで

したが、一緒に仕事をするうちに、自分が立てた問いがあまりに後ろ向きであることに気がつくのです。そして現実的な目標のもっと先にある、理想を問うべきだと考えるようになりました。それは「視覚障害者が強みを発揮できる職場環境はどのようにつくれるか？」というものです。次のように問いを並べれば、どちらに創造性を掻き立てられるか、一目瞭然でしょう。

現実の問い：視覚障害者がストレスなく仕事ができる環境は？
　　↓
理想の問い：視覚障害者が強みを発揮できる環境は？

　この問いから生まれたのが「ダイアローグ・イン・ザ・ダーク」です。照度ゼロの空間で、視覚以外の感覚で対話するというこのエンターテイメントは、暗闇の中を自由に行き来する視覚障害者のスタッフがいなければ決して成立しません。取り組みはいまや40ヶ国以上に広がり900万人以上が体験する世界的コンテンツになりました。

10Xクエスチョン

　グーグルもまた、理想の問いが持つ力を最大限活用している企業です。グーグルは日々の競争に勝つことよりも大きな視点から問いかけるために「10Xクエスチョン」を提唱しています。それは既存の解決策の10倍の成果をもたらす答えを求めるというものです。「交通事故を減らすには？」という問いからは、既存の安全技術開発の延長線上にあるインパクトの低いアイデアしか出てきません。しかし、「人的エラーによる交通事故をなくすには？」という問いには、全く違うシステムを考えない限りは答えられません。ハードルの高い「ぶっ飛んだ」問いを設定することで、先入観に囚われない発想を促そうとしているのです。

現実の問い：交通事故を減らすには？

　　↓

理想の問い：
人的エラーによる交通事故がなくなる世界をつくるには？

理想は目先の対立を越えていく

　理想を問うなんて、いささか情緒的すぎるように感じられるかもしれません。しかし、複雑な現実の問題を突破する際には、目線を上げることが必要なときがあります。

　かつてアマゾンが電子書籍に参入しようとしたとき、出版業界からの反発が予想されました。ビジネスの大部分を支える、紙の書籍の売り上げが犠牲になることが目に見えていたからです。ところが、キンドルは想像以上にスムーズにアメリカの出版業界に受け入れられました。そのひとつの成功要因が、コンセプトだったのです。

　当時、アマゾンが繰り返し語っていたキンドルのコンセプトは**「世界中のあらゆる書籍を60秒以内に手に入るようにする」** "Every book ever printed, in print or out of print, in every language, all available within 60 seconds"です。このコンセプトはすべての書籍を扱おうとするアマゾンだけでなく、出版業界にとっても理想の未来を示していました。自分たちの出版物を世界の隅々に届ける。書店のない場所にまで行き渡らせることができる。そんな未来像を前にすれば、目先の小さな利益を守る発想は、説得力を得られません。

　このように、理想を問うことは利害対立を乗り越える際にも有効な手段になるのです。

④ 動詞の問い
その行動を再発明するとしたら?

　コンセプトを考えるとき、多くの人は「名詞」から考えます。次の「スマートフォン」はどういうものであるべきか、つながる時代の「自動車」はどのような使い方をするべきか、これからの「ソーシャルネットワークサービス」に何が可能か、といった具合です。しかし**名詞で発想を始めた瞬間に、固定観念に縛られる**ことを自覚するべきでしょう。というのも名前こそが固定観念の正体だからです。

　ヨークシャーテリアにハスキーにチワワ……。犬には実に多様な種類がありますが、それを猫やたぬきと混同してしまうことは稀ですよね。犬や猫という言葉を覚えることで、私たちは世界の区切り方を覚えています。区切られたエリアに名前というラベルを貼って情報処理をスムーズにしているのです。それは脳の優れた認知機能である一方、認識を単純化しすぎてしまいステレオタイプなものの見方につながるという副作用もあります。

　発明家で心理学者でもあり水平思考の生みの親でもあるエドワード・デボノはこれを**「言葉の硬直性」**と呼び、名前の持つ「言葉の硬直性は、分類作用での硬直性に結びつき、分類作用の硬直性は、ものの見方の硬直性を招く」と指摘しています。

　ではどうすれば名前というラベルから逃れられるのでしょうか。世界的なデザイン会社アイディオ（IDEO）の共同創立者のひとりであるビル・モグリッジは**「名詞ではなく動詞」**をデザインするべきだと述べています。行動に焦点を当てることで、既存のパラダイムから解放されるというのです。実際アイディオのデザインチームは行動を観察するところから新しいアイデアを生み出します。例えば朝食の様子を観察し、「パンを食べる」前に「トーストしたパンを並べる」という何気ない動作を見つけたら、パン立てになるトースターの蓋をつくる

といった具合です。

　ネットフリックスのドキュメンタリー番組「アート・オブ・デザイン」（英語名：Abstract）の中では、キャス・ホルマンという玩具デザイナーが名詞ではなく動詞で問うことの重要性を語っています。美大生に「新しいコップをデザインしよう」と投げかけても新しい発想は生まれませんが「水を運ぶ新しい方法をデザインしよう」と呼びかけると「スポンジ素材に水を吸収させて運ぶ」といった形状にこだわらない自由なデザインが飛び出すのだそうです。

名詞の問い：新しいコップをデザインするなら？
　　　↓
動詞の問い：水を運ぶ新しい方法をデザインするなら？

　彼女はまた、小学生とのワークショップでの経験も紹介しています。「新しいスクールバスのカタチは？」と問いかけるとせいぜい色違いのスクールバスが描かれる程度です。けれど「通学する新しい方法は？」と問いかけた途端、発想が変わるのです。ロケットを使って空を飛んだり、通学路をアトラクションにしたり、発想が自由になる。その違いは目を見張るものがあります。

動詞を問うとき自ずと人が主役になる
　コップを「水を運ぶ」へ。スクールバスを「通学する」へ。**問いを名詞から動詞へと置き換えるとき、自ずと問いの重心がモノからヒトにスライドします。** 21世紀以降、人間を中心にしたデザインの大切さが語られてきましたが、それを叶えるための具体的な方法のひとつが動詞で問うということなのです。

　いま、多くの業界が問いのシフトを目論んでいます。代表的なのは自動車業界でしょう。2010年代、世界中で様々な自動車会社が自らを「モビリティカンパニー」と名乗り始めました。これも「自動車」と

いうものにこだわるのではなく、人類が「移動する」ことの可能性を
問うという表明にほかなりません。

　2007年、当時のアップルコンピュータは社名から「コンピュータ」
という名詞を外しました。その後のiPhoneやApple Watch、AirPodsな
どのコンピューターに縛られない躍進を見れば、名前を捨てる決断は
正しかったと言わざるを得ません。

　スポーツジャンルでも、ナイキは「ランニングシューズ」の未来で
はなく「ランニング」の未来を問うことでNike+というデジタルサー
ビスを生み出しました。走りのデータを記録し共有できるようにした
ことで、人が走る目的や意味をつくり変えてしまったのです。

　日本では体重計メーカーのタニタが「おいしく、お腹いっぱいに食
べていたら、知らないうちにやせていた」をコンセプトにした社員食
堂を皮切りに、レシピから外部向けのレストランまで展開していま
す。企業の中心価値を「体重計」という名詞から「健康的にやせる」
という動詞へと変化させたのです。

　つくろうとするものごとの名詞を動詞に置き換える。その動詞の持
つ意味の未来を問う。それが固定観念に縛られない発想のつくり方な
のです。

⑤ 破壊の問い
破壊すべき退屈な常識は？

　やりたいことが見つからない。そんなときには**「なにをつくるべき
か」ではなく「なにを壊すべきか」**を考えてみましょう。優等生の仮
面を脱ぎ捨てて、反抗者のメンタリティで世の中を見渡してみるので
す。

ネットフリックスの創業者リード・ヘイスティングスは、DVDレンタルサービスに定額制を持ち込んだのは、レンタルショップで借りた映画「アポロ13」に40ドルもの延滞料金を支払ったことがきっかけだったと語っています。**「なんでレンタルDVDはジムみたいに定額制じゃないんだ」**という嘆きが、定額制レンタルDVDというサービスコンセプトの基礎になったというのです。エピソード自体は彼自身が後に創作したものだという説もありますが、本質的な問題意識は、この逸話に反映されていると考えられます。

創造の問い：レンタルDVDの新しいサービスは？
　　　↓
破壊の問い：延滞料金という業界の常識を破壊するには？

　また、カシオのG-SHOCKは開発者が大切な時計を落としてしまい、そのときに感じた「なんで落としたくらいで壊れるんだ！」というフラストレーションが開発のきっかけだったことが知られています。開発コンセプトはそのまま**「落としても壊れない腕時計」**という1行になりました。

「なにをつくるべきか？」という問いは自由な反面、焦点を絞ることができません。一方で破壊の問いは打ち破るべき「仮想敵」を設定することで、焦点を明確にすることができます。結果的に、突破力のあるコンセプトを導きやすいのです。

破壊すべきは社会悪
　もちろん、仮想敵をつくると言っても他社やライバルに喧嘩を売ることを推奨しているわけではありません。破壊の対象は何より、人類の進化を阻む「社会悪」であるべきでしょう。

　第1章でも触れたエバーレーンが挑んでいるのは、ファッション業界のブラックボックスの数々です。不透明な価格や、過剰生産と廃棄

の問題、工場での過重労働。「既存のアパレルブランドが見て見ぬフリをしてきた問題をどのようになくせるか？」という破壊の問いから「徹底的な透明性」というコンセプトが生まれています。

ジーユー(GU) が挑んだのは「パンプスの窮屈さ」でした。昔ながらのビジネス慣習が残る業界では、男性にネクタイの着用を求めるように、女性にはパンプスを履くことを求めることがあります。しかしこれが形状として一般的にとても窮屈で「足を怪我しながら仕事をする」と形容されるほど痛みを伴うものだったのです。そこでジーユーは「パンプスは窮屈だ」という常識を破壊することにしました。

創造の問い：いま売れるパンプスとは？
　　　↓
破壊の問い：パンプスは窮屈だという常識を覆すには？

ジーユーはそんな野心的な問いに答えるべく「靴のほうが足に合わせてくるような履き心地」を追い求め、低反発と高反発のクッションを組み合わせる独自の製法にたどり着きます。こうして生まれた「マシュマロパンプス」は発売からわずか1年で170万足を売り上げる看板商品となりました。

創造しようと考えるより、破壊しようと考えるほうが、創造的になれることがある。あなたの許せないこと、腹が立つこと、我慢ならないこと、壊したいものを書き出せば、長いリストになるのではないでしょうか。社会への怒りをコンセプトにぶつけてみましょう。

⑥目的の問い
それを手段にしたら目的はなに？

かつて広大な北アメリカの輸送は駅馬車のネットワークが担っていました。馬6頭が引く馬車は郵便などの荷物とともに5〜6人を運ぶこ

とができたのです。その後、鉄道が整備されると駅馬車企業は廃れ、時代は一気に鉄道会社の時代になります。しかしやがて自動車が発明されて道路が整備されると、輸送手段はマイカーやバスやトラックにその座を奪われ、やがて飛行機の時代になって鉄道会社は決定的なダメージを受けることになります。いまでもアメリカの鉄道会社は、あれだけの広い国土で企業活動を続けながら、マイナーな存在のままです。

　経営学者のセオドア・レビットは、アメリカの鉄道会社が衰退したのは、手段と目的を取り違えたからだと説明しています。鉄道会社は自分たちの事業コンセプトを「鉄道」だと捉えていました。もしも「輸送」が自分たちのビジネスコンセプトだと捉えられていたならば、鉄道という手段にこだわらず、自動車や飛行機など、その時代時代のテクノロジーを取り入れて進化できたはずだというのがレビットの主張です。鉄道という手段に固執することなく、目的を問うべきだったのでしょう。このエピソードは「問い」が運命を分けたケースとして読み解くことができます。

手段の問い：鉄道事業をこれからどう発展させる？
　　　↓
目的の問い：
鉄道をひとつの手段としたとき私たちの本当の目的は？

　鉄道の事例は、あくまで他の国の昔話です。しかし、だからと言って馬鹿にはできません。私たちも同じような過ちをおかしてはいないでしょうか。手段であるはずの「鉄道」の未来だけを問いかけ、目的である「輸送」の可能性を考えることを怠ってしまった。この「鉄道」と「輸送」を皆さんの業界の言葉に置き換えても成立してしまうのではないでしょうか。実際、経営会議を覗いてみれば「○○業界の未来はどうあるべきか？」と、自社の業態を守り通すことを「目的」であるかのように論じる場面に出会います。**対象を1度「手段」と割り切っ**

て捉えてみましょう。そして、より大きく本質的な「目的」はなにか
を考えてみましょう。

つくりたいのはゲームより家族の時間だ

コンセプトを考える際には、「○○を手段として捉えたら本当の目
的はなんだろう？」の「○○」に自らの業種の言葉を入れて問いかけ
てください。

「面白いゲームを手段として捉えたら、本当の目的はなんだろう？」
という問いに**「家族の時間を取り戻す」**という秀逸な答えを出したの
が任天堂の家庭用ゲーム機Wiiでした。ゲームがその処理スピードや
グラフィックの美しさばかりを競い合っていた時代に、ゲームの先の
目的、それも社会的な価値をコンセプトに据えたのは画期的なことで
した。

ニューヨーク発で一世を風靡したD2Cのマットレスブランドである
キャスパー(Casper)は、マットレス業界にWiiと同じ手法を持ち込み
ました。クッション性などの機能ばかりが争点になっていた時代に、
マットレスを手段と捉え、**「最高の睡眠を引き出す」**ことを本当の目
的と捉え直したのです。キャスパーは自らをマットレスの会社ではな
く**「睡眠の会社」**(The Sleep Company)と定義しています。キャッチコ
ピーは"Love your tomorrow"。最高の明日は、最高の眠りから始まる
と訴えたのです。

あなたがつくろうとしているものが手段だとしたら、その先の目的
はなんですか？　思考や議論が近視眼的になっていたら、問いかけて
みましょう。

⑦ 利他の問い
それで社会はどう良くなるの？

コンセプトを考えるとき、自分たちの強みを意識するのは当然です。また売り上げや利益やユーザー獲得といったビジネス目標も無視できません。となればコンセプトの発想は自然と「利己的」になっていきます。自分たちに都合の良いコンセプトを書けば、社内でも軋轢を生みません。誰からも反対されることなくスムーズに承認されて、カタチになっていくのです。

しかし、ここに落とし穴があります。Havasグループによる調査（Meaningful Brand Report 2021）によれば、現代の生活者は世界中に存在するブランドのうち75%を「いますぐ消えても全く困らない」と答えています。衝撃的な数字ですよね。

では生活者は、どのようなブランドに残って欲しいと考えているのでしょうか。同調査によれば、73%の生活者が企業には地球社会をより良い場所にする行動を期待していると答えたそうです。社会に対して好影響を与える企業こそが、残るべき良い企業だと言うのです。自社に都合のいいだけのコンセプトでは時代の変化に取り残されるかもしれません。ブランドは**利己的な問いを、利他的な問いに置き換える**必要があると言えるでしょう。

誰のためのテクノロジーか？

私が行ったワークショップに、次世代型医療サービスを構想中の参加者がいました。彼女は遠隔診療で得た患者のデータを用いて、薬をカスタマイズし患者に届ける新たなリモート医療システムを思い描いていました。しかし、いざコンセプトに落とし込もうとすると「医薬品の3Dプリンターを使ったリモート診療」などと説明的になってしまいます。仕組みがもたらす新しい意味を、捉えきれずにいました。

コンセプトの問い方を間違えていると察した私は**「誰をどのように幸せにするものですか？」**と尋ねてみました。すると、構想のきっかけになったのは「どんなエリアに住む人も最先端の医療にアクセスできるようにしたい」という想いだったと教えてくれたのです。先ほどのコンセプト草案の奥にあった社会的意義をはっきりと理解することができました。この原点から改めてコンセプトを考えた結果、彼女は「みんなの最寄りのドクターをつくる」という方向性にたどり着くことになります。2つの問いを比べてみてください。

　　利己の問い：
　　最先端の医療技術で、他にはない医療サービスをつくるには？
　　　　↓
　　利他の問い：
　　最先端の医療技術で、誰をどのように幸せにするのだろう？

　1つ目の問いには「誰のための、なんのための技術か」という大義が欠けています。ここから導かれるコンセプトが専門的で狭いものになってしまうのも無理はないのです。2つ目の問いにはテクノロジーを手段として捉え、より大きな目的に向かう発想が最初から埋め込まれています。生まれてくるコンセプトは必然的に、社会的価値が内包されたものになるのです。

⑧ 自由の問い
まだ書かれていない価値ある問いはないか？

　順調に進んでいれば、7つの新しい問いが生まれているはずです。問いの数だけコンセプトの道筋が生まれているということを意味します。本気で挑みたいと思える問いは手元にあるでしょうか。

　最後にもうひとつ。**まだ書かれていない、価値ある問いがあるのではないか？**　を考えてください。8番目のスペースは本書のガイドでは

なく直感に従って、7つの手順には収まらない問いを書いて欲しいと思います。

リフレーミングは一方通行ではない

部分から全体へ。客観から主観へ。現実から理想へ。これらの問いのすり替えはどれも、私たちの視点を「いつもの視野」から移動させ、意識しない限りは見ることのできない角度へ振り向けるためのものでした。

けれども、リフレーミングは必ずしも一方通行である必要はありません。反対方向へのすり替えも有効なときがあります。「全体の問い」を考えていてあまりにも漠然としてしまう場合は、「部分の問い」に切り替える。「主観の問い」であまりに偏ったアイデアばかりになったときは「客観の問い」を立ててみる。「利他の問い」が偽善的アイデアばかりを誘発したら、「利己の問い」を考えてみる。カメラマンが遠近のレンズを交換するように、双方向に視点を切り替えてみましょう。

2-4

リフレーミングの実践

　第2章の締めくくりはミニワークです。問いを広げながら、発想を広げていくことを意識して取り組んでみましょう。

課題
冷蔵庫

　あなたはとあるメーカーの社員です。新規事業開発部に異動したあなたは、どのような未来のデバイスをつくることになるのか、胸を躍らせていました。ところが、任されたのはなんと「冷蔵庫」だったのです。部長曰く「家庭生活での重要性が高い一方、過去20年で最も大きな変化がない」領域なのだとか。あなたの勤めるメーカーには、まだ冷蔵庫をつくった実績はありません。だからこそ既存の冷蔵庫の考え方に囚われず、新しい市場をつくる発想が求められます。リフレーミングシートを活用し、8つの問いに答えるカタチで、できる限りたくさんのフラッシュアイデア*を記述してください。（目安：30分）

*フラッシュアイデアとは「思いつき」を意味する言葉です。練り上げる前の着想を、ごく短いメモとして書き出しましょう。

解説

　まずはリフレーミングシートの中央に「新しい発想の冷蔵庫とは？」と記述します。どこから始めても構いませんが、本書では便宜上、左上の問いから考えていきます。

図2-6. 新しい発想の冷蔵庫とは?

① 全体の問い
部分より全体で
解決するなら?

② 主観の問い
あなただけの偏愛や
こだわりは?

③ 理想の問い
目指すべき
理想の変化は?

④ 動詞の問い
その行動を
再発明するとしたら?

CENTRAL
QUESTION

新しい発想の
冷蔵庫とは?

⑤ 破壊の問い
破壊すべき
退屈な常識は?

⑥ 目的の問い
それを手段にしたら
目的はなに?

⑦ 利他の問い
それで社会は
どう良くなるの?

⑧ 自由の問い
「　　　　　　」

① 全体の問い「冷蔵庫を部分ではなく全体で考えたら?」

「全体」の捉え方によってアイデアの切り口が変わります。「空間全体」と捉えれば「家全体をひとつの冷蔵庫にする」というアイデアが浮かびますね。人間のための空調と食料のための冷蔵や保温。家の中の温度調整をすべて統合するようなシステムが見えてきます。

また生活者の「消費行動全体」を捉えても面白そうです。人が食材を買って保存し、調理して、廃棄するまでの全体のフローを再発明できないでしょうか。「買うから捨てるまでを任せる冷蔵庫」と記述しておきましょう。

② **主観の問い「冷蔵庫に関するあなただけの偏愛やこだわりは？」**

　客観的な「正しい・正しくない」という評価軸は忘れてください。あなたが面白がれるかどうか、をなにより大切にして考えてみましょう。私なら、冷蔵庫がいちばん欲しくなるのはお風呂場です。わざわざ冷蔵庫まで取りに行かなくても、お風呂場にいながらキンキンに冷えたコーヒー牛乳が飲めたら、と妄想します。それなら書斎でワインだ、とか、バルコニーでビールだという人もいるでしょう。こうした議論からは「家の好きな場所に置ける分散型冷蔵庫」の姿が見えてきますね。

　冷蔵庫から離れた、異なるジャンルの偏愛を活かすのもひとつの手です。例えば、観葉植物が好きな方であれば寒冷地帯や熱帯の植物を家で育てたいという願望があるかもしれません。食料ではなくて「植物用の冷蔵・保温庫」をつくるなど、冷蔵庫の新たな応用が見えてきます。

③ **理想の問い「この冷蔵庫で目指す理想の変化は？」**

　どの角度から理想を捉えるかによって、アイデアは変わっていくでしょう。理想のデザイン性を問うのであれば「インテリアとして見せたくなる冷蔵庫」や「冷蔵庫の存在を感じさせない冷蔵庫」といったアイデアが容易に浮かびます。理想の利便性を問うならば「献立づくりまで任せられる冷蔵庫」や「買い物してくれる冷蔵庫」といった発想が出てくるでしょう。

④ **動詞の問い「冷蔵庫にまつわる行動を再発明するとしたら？」**

「冷やす」「凍らせる」「適温で保管する」など冷蔵庫にまつわる動詞をまず並べます。このうち「冷やす」に注目するならば、食材に限らず「洋服を冷やす」のはどうだろう？　と考えを広げていくのです。Tシャツを冷やしておけば、夏の猛暑日に出かける苦痛を和らげることができそうですね。

「適温で保管する」という動詞を考えるなら、食料に限らず、アートや貴重な本や骨董品やフィギュアなど「コレクションを適温で管理する」保管庫の可能性に思い当たります。絵画や高価なコレクターズアイテムには保管に最適な温度や湿度があり、その管理は簡単ではありません。

動詞の問いを使うメリットは、冷蔵庫という名詞（カテゴリー）に縛られない発想を導けることです。新しいカテゴリーの商品を発想してみましょう。

⑤ **破壊の問い「冷蔵庫の壊したい不満や常識は？」**
　冷蔵庫にまつわる不満や怒りを思い出してください。そもそもなぜ冷蔵庫は四角く大きく、堂々と家のスペースを奪っているのでしょうか。そんな不満からは「柔軟にカタチを変える冷蔵庫」という常識の対極にあるアイデアが出てきます。

　他にも「冷蔵庫まで何往復もする、あの無駄な時間をなくせないか？」という不満にも共感があるのではないでしょうか。家庭で料理をする様子を観察すると、多くの人が無意識のうちに何10回も、冷蔵庫と調理スペースを行き来しています。「調理場に置ける小さい冷蔵庫」があったら便利かもしれませんね。

⑥ **目的の問い「冷蔵庫を手段とするなら、目的はなに？」**
　家族想いのお父さんやお母さんであれば、冷蔵庫を買う究極の目的は「家族の健康」ではないでしょうか。正面から「家族の健康をつくる冷蔵庫」という捉え方をすると、体重計や血圧などを計測する機器や、スマートデバイスとつながった新しい体験が構想できそうです。

　高価な冷蔵庫を買う人の中には、料理を家族だけでなく仲間に振る舞うのが好きだという人もいます。そんな方のためには「もてなすた

めの冷蔵庫」を開発してあげましょう。お寿司屋さんのように、寿司ネタを見せる冷蔵庫など、ディスプレイにこだわった飲食店の冷蔵庫は設計のヒントになりそうですね。

⑦ 利他の問い「その冷蔵庫で社会はどう良くなるか？」

　社会課題と冷蔵庫を結びつけるのが利他の問いです。例えば、環境問題。「家庭からの生ゴミをゼロにする冷蔵庫」は新たな需要を生み出しそうです。世界にはコンポストなどと組み合わせてゴミゼロを実現しているレストランもありますから、そうしたケースを上手く家庭用に応用できれば不可能ではありません。

　女性の社会進出と冷蔵庫も密接な関係があります。冷蔵庫はずっと家庭で働く女性を助けるためのものでした。女性が社会で働くことが常識になったいま、冷蔵庫の役割もまた変わるべきでしょう。例えば「働く女性を楽にする冷蔵庫」と捉えてコンセプトを考えるのも意義があるはずです。

⑧ 自由の問い「冷蔵庫はロボットになれるか？」

　これまでにつくった問いを振り返ると、どれも生活を便利にする方向性に向かっているのが分かります。そこで8番目の自由枠を使って、少しだけ遊び心のある問いを入れてみます。例えば「冷蔵庫はロボットになれるか？」という問いはどうでしょう。家電がもしも、「ドラえもん」のように人格を持った存在になったらと考えるのは楽しい思考実験になりそうです。

　子どもたちをメインユーザーに想定するなら「遊び相手になる冷蔵庫」。クイズを冷蔵庫が出題して、正解したら扉が開いておやつを渡すようなコミュニケーションが生まれるはずです。これから増える高齢者単身世帯には「孤独をなくす冷蔵庫」の需要が生まれるかもしれません。会話の相手になり、健康を気遣い、献立を一緒に考える相棒にもなる。こうして人格を持たせることで冷蔵庫には様々な可能性

があるように思えるのです。皆さんが考えて楽しくなる問いはなんでしょうか。その問いに、どのような答えを出せるでしょうか。

図2-7に、ここまで出てきたアイデアを書き入れました。問いのアングルを変えていくことで、ひとつの問いに固執していては決して出てこない発想が生まれる。その手応えを掴んでいただけたのではないでしょうか。

図2-7. 回答例

① 全体の問い 部分より全体で解決するなら?	② 主観の問い あなただけの偏愛やこだわりは?	③ 理想の問い 目指すべき理想の変化は?
・家全体をひとつの冷蔵庫にする ・「買う」から「捨てる」までを任せる冷蔵庫	・家の好きな場所に置ける分散型冷蔵庫 ・植物用の冷蔵・保温庫	・インテリアとして見せたくなる冷蔵庫 ・買い物してくれる冷蔵庫
④ 動詞の問い その行動を再発明するとしたら?	CENTRAL QUESTION 新しい発想の冷蔵庫とは?	⑤ 破壊の問い 破壊すべき退屈な常識は?
・夏に洋服を冷やす ・コレクションを適温で管理する		・柔軟にカタチを変える冷蔵庫 ・調理場に置ける小さい冷蔵庫
⑥ 目的の問い それを手段にしたら目的はなに?	⑦ 利他の問い それで社会はどう良くなるの?	⑧ 自由の問い 「冷蔵庫はロボットになれるか?」
・家族の健康をつくる冷蔵庫 ・もてなすための冷蔵庫	・家庭からの生ゴミをゼロにする冷蔵庫 ・働く女性を楽にする冷蔵庫	・遊び相手になる冷蔵庫 ・孤独をなくす冷蔵庫

次の章からはコンセプトの設計に移ります。問いから生まれる「妄想」を、誰もが理解し共感できる緻密な「構想」に変えていきましょう。

☑ コンセプトメイキングは問いから始まる

- ・決められた問いにたくさん答えを出す力を創造性とは呼ばない。
- ・意味ある問いをつくることから、意味あるコンセプトは生まれる。

☑ 問いの良し悪しは「自由度」と 「インパクト」で決まる

- ・「自由度」とは問いが誘発する答えの幅。
  自由度が高いほど選択肢が増える。
- ・「インパクト」とは答えることで生まれる社会・生活への影響力。
- ・いい問いはいいパスと同じで、受け手の発想に自由を与え、
  決定的な答えを導く。

☑ 問いをすり替える「リフレーミング」

- ・愚問や悪問やクイズは、良問にすり替えるべき。
- ・問いを変えれば視点が変わる。発想が変わる。コンセプトも変わる。
- ・例）エレベーター問題

☑ 8つのリフレーミングを実践しよう

- ・①「部分の問い」→「全体の問い」 部分より全体で解決するなら？
- ・②「客観の問い」→「主観の問い」 あなただけの偏愛やこだわりは？
- ・③「現実の問い」→「理想の問い」 目指すべき理想の変化は？
- ・④「名詞の問い」→「動詞の問い」 その行動を再発明するとしたら？
- ・⑤「創造の問い」→「破壊の問い」 破壊すべき退屈な常識は？
- ・⑥「手段の問い」→「目的の問い」 それを手段にしたら目的はなに？
- ・⑦「利己の問い」→「利他の問い」 それで社会はどう良くなるの？
- ・⑧「既定の問い」→「自由の問い」 まだ書かれていない価値ある
  問いは？
- ・必ずしも一方通行ではなく、反対方向へ問いを切り替えても良い。

第 3 章

顧客目線で
設計する
「インサイト型
ストーリー」

第2章では「問い」をつくる方法、すり替える方法について学びました。いい問いができたら、次はストーリーの形式に当てはめながら解を考えていきます。「ストーリーだなんてまどろっこしい」と思われたかもしれません。「手っ取り早く鮮やかな1行で答えたい」という人もいるでしょう。

　もちろん、最終的には1行で言い切れるほどシンプルでなければコンセプトは機能しません。しかし一方で、素晴らしい1行だけですべてを解決できるわけでもありません。チームの仲間から組織外の関係者まで様々なプレイヤーに共感してもらうためには、コンセプトに至る筋道も大切です。この「筋道」のことを本書では「ストーリー」と呼んでいるのです。
　以下の3つの例文を読み比べてください。

■ **例文1　1行のコンセプト**
　<u>世界中を自分の居場所にする</u>。Airbnb

■ **例文2　情報のあるコンセプト**
　ターゲット：旅慣れた人々
　サービス概要：旅人と空き部屋のマッチングサービス
　強み1：現地の暮らしを安心して楽しむことができる
　強み2：ベンチマークしたホテルよりも安価に宿泊できる
　コンセプト：<u>世界中を自分の居場所にする</u>。Airbnb

■ **例文3　ストーリーのあるコンセプト**
　旅で訪れる街はどこも個性的。似たような景色なんてひとつもありませ

ん。それなのになぜ、私たちはどの街でも似たような施設に泊まるのでしょう。もしも現地の人に出会い、溶け込み、現地の本当の暮らしや文化を味わうことができたら？　私たちなら、その「もしも」を安全に、そしてリーズナブルな価格で実現できます。<u>世界中を自分の居場所にする</u>。Airbnbから、旅慣れたあなたへの提案です。

　例文1のようなコンセプト単体では、1行に込められた狙いや戦略性までは読み解けません。では例文2はどうでしょう。必要最低限の情報を並べてみました。手がかりは掴めるものの、やはりコンセプトがとってつけた「お飾り」のように感じられないでしょうか。情報と情報との関連性が見えず、バラバラな印象を与えているのが原因です。つながりを欠いた提案の中では、どれほど素晴らしいコンセプトも相手に訴える力を失ってしまいます。

　例文3は、例文2の情報をひとつのストーリーにしたものです。要素と要素のつながりが明確になり、読みやすくなりました。1行ごとに説得力を増していき、最終的に「世界中を自分の居場所にする」に込められた意味がより強く伝わるようになっています。特にコンセプトが斬新な着想から生まれているときこそ、順を追って他者の共感を得る物語性が重要になります。

　では、どのようにストーリーを組み立てれば良いのでしょうか。複雑に入り組んでいるように思える映画でさえ、そのシナリオづくりには基本の型があります。コンセプトも同様です。本書では基本となる2とおりの型、インサイト型とビジョン型のストーリーについて学びます。まずは顧客目線で設計するインサイト型から始めましょう。

インサイト型ストーリーの骨子

■ 4つのCで物語る

　3C分析という言葉を聞いたことがあるでしょうか。経営戦略やマーケティングプランを考える際の枠組みで、**Customer**(顧客)、**Competitor**(競合)、**Company**(自社) の3つを指し示しています。考慮するべきことをモレなくダブりなく確認し分析するためのフレームワークとして広く用いられてきました。

　なにか新しいものを世に問うならば、3Cは無視できません。「顧客」の課題を解決すること。「競合」にはない価値を提案すること。「自社」だけの強みを活かすこと。どれもコンセプトを設計する上で確実に押さえておくべき要素です。

　ただし、3Cをバラバラに埋めるだけではストーリーにはなりません。そこでコンセプトメイキングにおいては、それぞれの項目を接続詞でつなぎ、最後にConceptという4つ目のCを配置します。図3-1をご覧ください。変形した4コママンガのようですね。このカタチにも意味があるのですが、それはまた次の章で説明いたします。

　顧客目線のストーリーとは、言い換えれば**「顧客を救済する物語」**です。4つのCをつなげて昔話風に読めば、以下のような語りになるでしょう。

1 昔々あるところに、××で困っている生活者がいました。
2 **しかし、**世界中の誰も助けることができません。
3 **そこで、**○○は自らの特殊な力を使って手を差し伸べました。
4 **つまり、**□□という解決策によってユーザーは救われたのです。

図3-1.

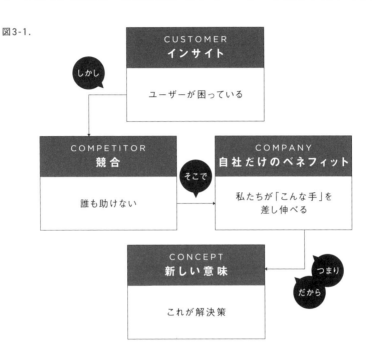

　顧客の困りごとから始まり、それを救済するカタチでコンセプトに
着地しています。めでたし、めでたし。これをスターバックスの事例
に当てはめてみましょう。

1 ある街に、とてつもなく疲弊した人々がいました。
　毎日が家と職場の往復の繰り返し。ストレスはたまる一方です。
2 **しかし、**都市にはろくに息をつける居場所がありません。
3 **そこで、**スターバックスは、くつろげる空間をつくることにしま
　した。ゆったりとしたスペースや上質なソファ。心地の良い BGM
　やコーヒーの香り。

ひとりでも、仲間と一緒のときでも、何時間でも過ごすことができます。

4 つまり、それは家でも職場でもない「第3の場所」。いまでは忙しい現代人に欠かせない空間になりました。

スターバックスの顧客価値は極めて明快です。だからこそ、こうして分かりやすく物語形式に分解できるのです。逆に言えば、物語形式に当てはめながらコンセプトを設計することで、顧客価値を明確化できるということでもあります。

図3-2.

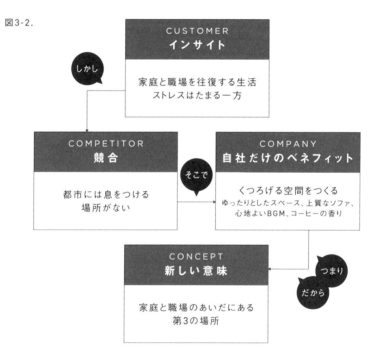

ストーリーの骨子は理解できたでしょうか。ここからは3つのCのそれぞれについて深掘りしていきます。最初のCは「カスタマーインサイト」です。

3-2

カスタマーインサイトの
見つけ方

■ 本当に言いたいことは言葉にならない

　突然ですが「仕事と私／俺、どっちが大切なの？」とパートナーから聞かれたら、どのように答えるでしょうか？　こう尋ねると大抵の場合は「あなたに決まっている」か「どっちも大切だ」という答えが返ってきます。しかしある知人は、どちらも大間違いだと断言します。正しい答え方は、「寂しい思いをさせてごめんね」と謝罪して抱きしめることだ、と言うのです。「この手の質問を投げかけるとき人は、本当の答えなんて求めてはいない。『寂しいから、もっと構って欲しい』と言えないだけなのだ」というのがそのロジックです。これがすべてのケースで有効な回答だとはお約束できませんし、お勧めすることもしません。それでも、知人の考え方には妙に納得させられるものがあります。

　本当に言いたいことは言葉にならない、ということを私たちはよく知っているはずです。特に恋愛では多くの方に経験があるでしょう。ラブソングでは言葉にできない苦しみや切なさが、時代を超えて歌われてきました。近年もCMに使われていたオフコースの代表曲『言葉にできない』を筆頭に、「言えない」「伝えられない」「言葉が見つからない」ともどかしさを歌い上げる楽曲は現代に至るまで、絶え間なく供給されています。

　もちろん恋愛だけではありません。皆さんは他人との会話で、すべ

てをさらけ出して素直に語るでしょうか。よほど気心知れた友人との会話であればともかく、多くの人はその場や空気に合わせながら体面を保った会話をするはずです。みんな言葉で嘘をつく。それにもかかわらず、ビジネスシーンになると私たちはどういうわけか**「人は言いたいことをすべて言葉にしている」**という前提でものごとを進めてしまうのです。

■ サラダが食べたいという幻聴

　あるファストフードチェーンでの出来事です。大規模なマーケットリサーチを行った結果、ハンバーガーやポテトだけでなく「野菜たっぷりのサラダが食べたい！」という意見が続出しました。日本中から寄せられた顧客の生の声を無視するわけにもいきません。期待に応えるべく、企業は野菜たっぷりで食べ応えのあるサラダメニューを開発し、全国で発売しました。

　あとは売り切れの報告を待つだけ。ところが、セールスは不調に終わります。果たして「サラダが食べたい！」という声は幻聴だったのでしょうか。そうではありません。ただ本当のことがアンケートやインタビューでは語られなかっただけなのです。会議室のような場所で理性的な質問をされたら、人はつい、いつもとは違うかしこまった答えをしてしまいます。そもそも本当になにが食べたいかなんてお客様だってよく分かっていません。特に深い意図もないまま「健康志向が世の中的に高まっているし間違いではないだろう」とサラダを推してしまったとしても無理のないことです。

　ちなみに、生活者の発言と行動は違うということを改めて学んだこの企業は、サラダの直後に分厚い肉を特徴とした、ある意味ではサラダと真逆の価値を備えた商品を出します。結果、歴史的大ヒット商品となりました。

■ 言葉にできるのは5%

　ハーバード大学のジェラルド・ザルトマン博士は著作『How Customers Think』の中で、私たち人間は自分の意識のうちの5%しか認識しておらず、残る95%の無意識が思考や行動に大きく影響していると述べています。5%が本当に正確な数字かどうかについては検証が必要でしょう。それでも、かなり大きな部分が無意識のうちに行われているというのは、いまのところ正しい理解のようです。

　図3-3をご覧ください。意識全体を氷山になぞらえるなら、人が欲求を自ら言語化できるのは海面から突き出した部分だけです。これを「ニーズ」と呼びます。一方で海面下には、意識することができないか、気づいていても言語化できない、無意識の領域が膨大に広がっています。この部分に「インサイト」が眠っているのです。

図3-3. ニーズとインサイト

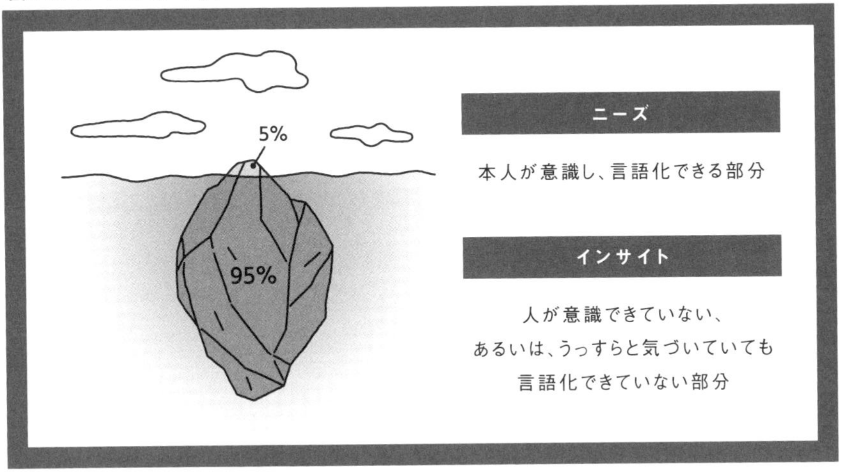

ニーズ
本人が意識し、言語化できる部分

インサイト
人が意識できていない、
あるいは、うっすらと気づいていても
言語化できていない部分

■ インサイトとはつまりなにか？

　ビジネスにおける顧客インサイトを定義するならば「**まだ満たされ**

ていない、**隠れた欲求**」と表現することができます。本当はそこに不満や苦痛があるにもかかわらず、その正体に本人すらも気づいていません。優れたインサイトとは聞いた瞬間に「言われたらそうかも！」と膝をポンっと叩きたくなるものです。この「膝ポン！」感覚を生み出すのは「共感」と「発見」の掛け算です。図3-4を参照してください。

図3-4. インサイト・マトリックス

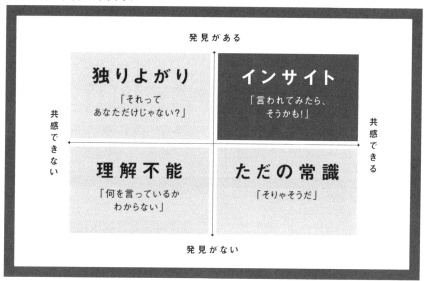

縦軸に発見のありなしを、横軸に共感のありなしを配置しています。多くのビジネス文書で見かけるインサイト（もどき）は右下にある「ただの常識」に当てはまるものです。

例えば**「夜はぐっすり眠りたい」**という物言いは誰からも反論されないでしょう。しかしながら、なにひとつ新しい気づきは見当たりませんよね。まさに、「そりゃそうだ」のひと言で片づけるべき常識です。

では新しければいいのか？　というとそれも違います。例えば**「自**

分の睡眠データを取得して、自分で分析したい」というインサイトの仮説は新しく聞こえます。しかし、共感はどうでしょうか。ごく一部の人や、企画者本人だけが理解できる内容では単なる「独りよがり」になってしまうのです。少なくてもターゲットとして設定された人々には「分かる！」と理解されるものでなくてはなりません。生活の新たな兆しは必ずしもインサイトとは呼べないのだ、という点に注意してください。

　私たちが捉えるべきインサイトは図の右上が示すように「共感」と「発見」が同居する**「言われてみたら、そうかも！」**という反応を生み出す言葉でなくてはなりません。誰もがずっと前から感づいていたのに、誰ひとり言葉にできなかった。そんな心理を見つけて言語化しましょう。

　2021年に発売された「アリナミン ナイトリカバー」は、眠る前に栄養ドリンクを飲むという新習慣を広めた商品で、1年で約1250万本も売り上げるヒット商品となりました。多くの栄養ドリンクは就業時間を想定して開発されてきました。けれど**生活者が変えたかったのは午後より夕方より「朝の目覚め」**だったのです。そんな発見と共感のあるインサイトを掴んだからこそ**「朝が変わる」**という謳い文句は多くの支持を集めたのでしょう。

　ではこのインサイト、どのように表現すればいいのでしょうか。まずは次に紹介する基本構文を身につけてください。

■ 本音は葛藤の中にある

　ネットスーパーのオイシックス（Oisix）が、「キットオイシックス」というミールキットを提供しています。必要な食材がセットになっており、主菜と副菜の2品をおよそ20分ほどでつくることができます。2013年7月の販売開始以来、毎週約20種類の販売を続け、2021年2月

第３章　顧客目線で設計する「インサイト型ストーリー」

107

には累計販売数が7500万食を超えました。もちろん2020年のコロナ禍で巣ごもり需要が伸びたことも理由のひとつでしょう。しかしこうしたマクロトレンドは、家食の需要全般の伸びを説明することはできても、その平均をはるかに超えるキットオイシックスの成長を説明することはできません。キットオイシックスの躍進の裏にあるインサイトとはどのようなものだったのでしょうか。

　普通に考えれば「料理に手間をかけたくない」という気持ちが思い当たります。しかし、これはすぐに正解ではないと分かります。20分で2品というのは、他製品と比べたときに必ずしも簡単とは言えないからです。より時短に特化したミールキットはいくらでも見つかります。

　実はオイシックス、あえて少しの「手間ひま」をかけてもらうように設計していました。なぜでしょうか。オイシックスの担当者は「『私がつくった』という実感があるのかどうかは結構重要で気を使っている部分です」とインタビューで述べています。そしてサービス開発のキーワードとして「後ろめたさや罪悪感の解消」を挙げているのです。

　生活者は確かに**「手間がかからないこと」**を求めています。コロナ禍以降、家で食事をする機会は増えましたから。一方で、それと矛盾するようですが**「手抜きはしたくない」**とも同時に思っています。食材のバランスなど健康にも気を使い「ちゃんとつくったもの」を家族に食べさせたい、と考えるのは自然です。

　つまり、キットオイシックスの捉えたインサイトとは**「手間はかけたくないけど、手抜きはしたくない」**というものだったのです。1行の中に大きな矛盾が含まれているのが分かります。だからこそ、自分では気がつくのが難しく、また言葉にできないのです。

　どんなミールキットが欲しい？　と生活者にインタビューで聞いて

も、上手く導かない限りは「手間をかけたくないんです」という時短志向か、反対に「野菜たっぷりで健康にいいものを」という健康志向か、どちらかに偏った発言ばかりが出てくるでしょう。顧客の声がそのままインサイトだと思い込めば、ひたすら短時間で調理できるミールキットや、工数を無視した健康的な商品をつくることになります。でもオイシックスはそんなミスを犯しませんでした。手間をかけたくない現代人がその裏で、手を抜く罪悪感に苦しんでいることを見逃さなかったのです。

■ インサイトを表現する構文

この事例のように、**インサイトは矛盾する心情が引き起こす葛藤の中にある**ものです。だとすれば、それを表現する言葉もまた矛盾を表現する話法になるのは必然でしょう。図3-5はインサイトを記述するための基本構文です。心理Aと心理Bにはそれぞれ相反する心理状態を書き込みます。オイシックスの例で言えば心理Aは「手間をかけたくない」、心理Bが「手抜きはしたくない」となります。相反するAとBをつなげると「手間はかけたくない。(だけど) 手抜きはしたくない」という文章が出来上がります。この**「AだけどB」がインサイトを捉える基本構文**となります。他の事例のインサイトも同じ構文を用いて言語化してみましょう。

図3-5. インサイトの構文

心理A	手間をかけたくない

だけど

心理B	手抜きはしたくない

■ ファブリーズが見つけたインサイト

　1998年に布製品用の消臭芳香剤として日本で発売されたファブリーズ。いまでは日本の家庭になくてはならない商品となりました。このファブリーズが捉えたインサイトは、どのように記述できるでしょうか。

心理A：家の臭いをとりたい

　まず1つ目の心理として、臭いをとりたい気持ちは見逃せません。自分たちで気づくならまだしも、お客様や友人が来たときに「なにかが臭う」と言われるのは嫌ですよね。けれど「臭いをとりたい」だけではファブリーズを手に取る理由にはなりません。もうひとつ、矛盾する気持ちを見つける必要があります。

心理B：すべてを洗濯するのは面倒だ

　日本人はもともと臭いがついたらなんだって洗濯していました。ですからファブリーズを日本に導入する際も、きれい好きな日本人に本当にこの商品は必要か？　という議論があったようです。しかし実際にユーザーにファブリーズを使ってもらって検証すると、干す前の布団によく使われることが分かりました。確かに、臭いがつくたびに布団を洗っていたら、きりがありませんよね。ソファやカーテンも同様です。臭いが気になったらなんでも洗濯する日本人も、毎回の洗濯はさすがに面倒だと感じていたわけです。

　こうしてファブリーズは**「家の臭いはとりたいけれど、洗濯するのは面倒だ」**というインサイトを発見します。この新たなインサイトに対して**「洗えないものを洗う」**というコンセプトを打ち立て、ファブリーズは消臭除菌スプレーという新たな市場を日本で開拓したのでした。

ザ・ファースト・テイクが見つけた インサイト

　ザ・ファースト・テイク（THE FIRST TAKE）は2019年11月から運営されているYouTubeチャンネルで、2021年11月の2周年で登録者数は500万人を突破。総再生回数は15億回を超え、日本で最も影響力を持つ音楽メディアのひとつに成長しました。**「一発撮りで、音楽に向き合う」**というコンセプトどおり、アーティストはマイクの他になにもない殺風景なスタジオに立ち、一発撮りで音楽を演奏します。途中で歌詞や音程を間違えてもそのままオンエアーされ、原則としてリテイクや加工は一切行っていません。YouTube上には様々な演出がほどこされた映像が無数にあるにもかかわらず、なぜ、これほどシンプルな音楽チャネルが大きな反響を集めたのでしょうか。インサイトという側面から考えてみましょう。

心理Ａ：気軽に音楽を楽しみたい

　YouTubeのチャネルですから、やはり気軽に音楽を楽しみたいという気持ちは前提となるでしょう。好きなアーティストのチャネルに登録したり、レコメンドされる動画から新しいアーティストに出会ったり。YouTubeは若い世代にとっての音楽メディアとしてすっかり定着しました。しかしその便利さの裏側で、ユーザーはどこか物足りなさを感じていたのです。

心理Ｂ：アーティストの本気が見たい

　ザ・ファースト・テイクの運営チームは、ネットの音楽動画にはなぜライブのような感動がないのか？　と考えていました。YouTubeで再生できる公式動画の音源は何度も録り直され、加工され完璧に仕上げられたものがほとんどです。ライブ動画でさえ、いいところを編集加工してアップロードされています。しかし本来、ライブの感動は2度とない今日の1回のために「本気で向き合う」というアーティストの覚悟からもたらされているのではないでしょうか？　1回限りだから

こそ、人はそれを本物と感じる。音楽ファンほど本物を求めているのではないか。それがチームの見つけた、もうひとつの心理でした。

つまりザ・ファースト・テイクは**「気軽に音楽を楽しみたいけれど、アーティストの本気は見たい」**という、ファンの欲張りなインサイトに対して実に鮮やかに答えを出したのです。

ここまでインサイトの構文について解説してきました。インサイトの取り扱いに慣れるまでは「AだけどB」という構文にこだわってください。良いインサイトは真逆へ向かう矛盾した心の動きを捉えるものだからです。ただし、インサイトは必ずこの構文で表現しなくてはいけない、というわけではありません。慣れてきたら様々な言語表現を試してみましょう。

インサイトとコンセプトはコインの裏表です。的を射たインサイトが見つかれば、自ずと裏側にコンセプトが見つかります。そして、この両者の関係こそがインサイト型ストーリーの軸です。顧客のどのような葛藤に向き合い、どのように解決策を提示できるか。一本の筋を通すようにストーリーを組み立てていきましょう。

3-3

コンペティター
真の競合の見つけ方

インサイトの次は競合（Competitor）について考えていきます。経営戦略やマーケティング戦略の立案において競合を分析する視点は様々ですが、ストーリーを設計する上では競合の**「弱み」**と、顧客に対する**「手ぬかり」**を見つけるのがポイントです。簡単に言えば**「ターゲットが困っているのに、誰もなんの手も打とうとしていないじゃないか」**と指摘できる市場の空白、つまり自社にとっての機会を見つければよいのです。

■ ライバルだけが競合じゃない

まずは、広い視野で真の競合が誰なのかを考えることから始めましょう。次ページの図3-6をご覧ください。

このシートは競合を見つけながら、同時に競合に対する勝ち筋を見つけていくためのテンプレートです。左側に3つの円がありますね。小さい順に**カテゴリー・ジョブ・タイム**という3つのレイヤーで競合を見つけていくことを表現しています。具体的に特定した競合の名前などは右の四角に書き入れていきます。さらに「顧客の不満につながる競合の弱点」を記述していくのです。しっかりと埋めていくと、このシートを見るだけで競合とその「手ぬかり」が一覧できるようになります。仕掛ける側にとってはチャンスを可視化できるツールになる、というわけです。

ここでは、アマゾンの電子書籍リーダー「キンドル」を「通勤電車

で本を読むビジネスパーソン」に売るというビジネス課題を想定し、競合について分析しながらフレームワークを理解していきましょう。まずはいちばん小さな円「同一カテゴリーの競合」からです。

図3-6. 競合の見つけ方

カテゴリー：同一カテゴリーの競合

　顧客から市場内で比較検討される相手が「同一カテゴリーの競合」です。いわゆるライバル企業、ライバル商品について考えます。清涼飲料水カテゴリーのコカ・コーラとペプシコーラ、航空カテゴリーのANAとJALは、それぞれ個性も企業哲学も事業構造も異なりますが、

顧客が同時に検討することが多いという点でカテゴリー競合です。

　キンドルにとっての競合は、他社の電子書籍リーダーです。図3-6で示したシートには、具体的なブランド名や企業名を書いても構いません。競合名の下の空白には競合に「手ぬかり」がある部分、つまり「顧客の不満につながる弱点」を記入していきます。

　例えば他社の電子書籍がキンドルと比べて「品揃えが十分ではない」場合、ターゲットである読書家のビジネスパーソンの不満につながる点と判断できるはずです。他にも操作性やバッテリーの持続時間、電子ペーパーの読みやすさなどを比較してもいいでしょう。

　独自の調査などでデータを手にしていれば、より広く深く他社を含めた既存業界の手ぬかりをさらに詳細まであぶり出すことが可能でしょう。しかしこうした市場内での競合だけを見て比較していても発想は広がりません。そこでジョブやタイムという視点から競合を探しにいくのです。

ジョブ：同じ仕事をこなす競合

　ジョブとは**「購入するものやサービスを通じて成し遂げたいこと」**を意味する言葉です。例えば自動車メーカーなら同一カテゴリーの競合は他社の自動車メーカーですが、顧客が「通勤」というジョブのためにクルマを使っているとすると、その競合に電車、タクシー、バス、バイク、自転車などが含まれると考えることができます。顧客は「通勤」という目的を果たすために、様々な選択肢から最良のものを**「雇用」**していると捉えるのがジョブの発想です。

　キンドルの場合、ごくシンプルに捉えるならば、大きく2つのジョブに分けることができるでしょう。ひとつは「本を買う」こと。もうひとつは「本を読む」ということです。1つ目の「本を買う」というジョブに対する競合にはリアルの書店が挙げられますね。書店には思

わぬ出会いや発見があり、デジタルでは決して置き換えられない価値
があります。一方、仕事で特定の専門書を手に入れる必要があるとき
など、書店では本を探すのに時間や手間がかかる点が、顧客の不満に
なり得るという点は書店ファンでも理解できるでしょう。

　もうひとつの「読む」というジョブのために雇用するものとしては
「紙の本」が競合になります。紙のほうが全体のボリュームを把握で
きるとか、書き込んだり、折ったりといった自由な使い方が可能であ
るといったメリットも少なくありません。一方で、たくさんの本を持
ち歩こうと思ったら紙は不利ですね。「重くてかさばる」という紙の
弱点はキンドルにとってのチャンスになります。電子書籍であれば仮
に100冊持ち歩いても、わずか数百グラムですから。

タイム：同じ時間を奪い合う競合
　最後に注目するのは**時間という視点から見つける競合**たちです。電
車通勤するビジネスパーソンの時間をキンドルはどのようなものや
サービスと奪いあっているでしょうか。

　例えば、スマホのニュースアプリはいつしかビジネスパーソンの新
習慣になりました。通勤時間に楽しむコンテンツという意味ではポッ
ドキャスティングなどの音声コンテンツも無視できません。ソーシャ
ルネットワーキングサービス（SNS）を楽しんでいる人もいるでしょ
う。人によっては通販サイトでお買い物をしているかもしれません。

　中でもコンテンツとしての楽しみ方がキンドルに近い「定額制 動
画配信サービス」を競合と設定します。動画配信サービスに対する
勝ち筋はどのように見つけられるでしょう。いくつか視点があります
が、例えばヒットした動画作品の「原作」に着目します。動画サイト
にあるヒット作の多くが小説やマンガといった書籍を原作にしていま
すよね。動画のレビューを見れば「是非、原作を読んでください」と
いうファンの声が溢れています。動画サイトのユーザーならば「原作

を知っているほうが動画をもっと楽しめる」という物言いには、ある程度の訴求力があるはずです。

　図3-7はこれまでの競合に関する議論をまとめたものです。3つのレイヤーで競合が設定され、その弱点や手ぬかりが並んでいます。これらはすべて自社にとってのチャンスと言い換えることができます。競合と比較するという行為を通さなければ気づくことのなかった視点を得ることができましたね。勝ちにこだわることで、価値を見つける。競合について考える行為の本質は、自らの新たな可能性を見つけることでもあるのです。

図3-7. キンドルの競合を考える

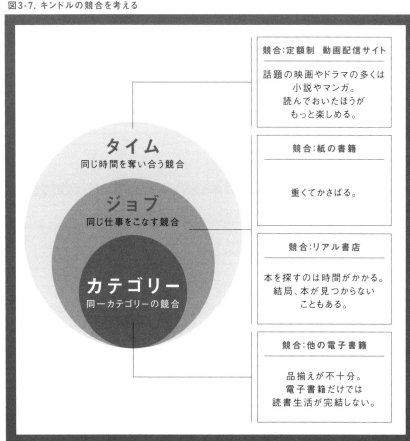

カンパニー
自社だけのベネフィットはあるか

■ 強みを仕分けする

　ここまで顧客の困りごとを特定し、それに対する競合の手ぬかりと弱点を分析してきました。次は、自分たちになにができるかを示す番です。自社だけが差し伸べられる「手」、つまり自社の強みを考えることが3つ目の「C」、カンパニーという項目のテーマです。

　商品・サービスの強みを分析する際は**ファクト・メリット・ベネフィットの3つに仕分けて**考えましょう。それぞれの定義は以下の図3-8のとおりです。

図3-8. 3つの概念に仕分けする

FACT ファクト	MERIT メリット	BENEFIT ベネフィット
その商品やサービスが 持つ揺るぎない 客観的事実	ファクトがもたらす 一般的な便益	ターゲットに特に強く 訴える便益

先ほどアマゾン、キンドルの競合を分析する中で紙の本は「重くてかさばる」という項目がありました。これに対してキンドルにどのような提案が可能かを考えながら、強みを仕分けしていきます。引き続きターゲットはビジネスパーソンとします。

　まずファクトです。ファクトとは**「商品やサービスが持つ客観的事実」**のことです。最もベーシックなキンドル（2023年3月時点）で重さは158gと表記されています。「重さ158g」。これは客観的な事実です。

　次にファクトがもたらすメリットを考えてみます。メリットとは**「誰もが理解できる一般的な便益」**です。「重さ158g」の電子書籍リーダーというファクトからは、例えば「本を何冊でも持ち歩ける」というメリットを導くことができそうです。

　最後にベネフィットです。ベネフィットは**ターゲットに特に強く訴求できるようメリットを翻訳したもの**です。「本を何冊でも持ち歩ける」ことはビジネスパーソンにとってどのような意味を持つでしょうか。例えば「書斎をまるごと持ち運べる」と表現する。これがキンドルのビジネスパーソンに対するベネフィットになります。

　ベネフィットはターゲットに強く訴求できる一方で、その他の人にはピンとこない性質があることに留意ください。例えばマンガの大好きな高校生に「仕事の重たい参考資料が全部、ポケットに入るんだ」と伝えてもポカンとされるだけでしょう。ターゲットを前提とするかどうかでメリットとベネフィットが分類されるのです。

　次ページの図3-9では、もうひとつ「700万冊以上の品揃え」というファクトからどのようなメリットとベネフィットが導き出せるかも併せて記入してみました。国内最大となる700万冊以上の品揃えがあるということは、ネット環境さえあれば「読みたい本のほとんどがいつでも手に入る」というメリットがあることになります。ビジネスパー

ソンにとっては「資料を探す手間や時間が省ける」というベネフィットに翻訳できるでしょう。

図3-9. キンドルの強みを仕分けする

ファクト （客観的事実）	メリット （一般的な便益）	ベネフィット （ターゲットに強く 訴える便益）
重さ158g	何冊でも持ち歩ける	書斎をまるごと 持ち運べる
合計700万冊 以上の品揃え	読みたい本が いつでも手に入る	資料を探す時間を、 仕事の時間に

　こうして3つのCでストーリーの骨子をつくることができたら、最後は1行のコンセプトにバトンを渡します。「つまり」や「そこで」といった接続詞でつなぎ、ストーリー全体でつくろうとしている「新しい意味」を記述するのです。そのコンセプトはインサイトで記述した顧客の葛藤を解決するでしょうか？　競合には真似できず、自社の強みが活かされているでしょうか？　こうした視点から言葉を練り上げていきます。コンセプトを1行化する方法については改めて第5章で解説しますので、本章では3つのCを積み上げてストーリーをつくり、コンセプトを「仮置き」できる状態を目指してください。

3-5

インサイト型
ストーリー設計の実践

　第3章の総括としてミニワーク形式で、ストーリー設計を実践します。できれば時間をとって1度課題に向き合ってから、先に進んでいただくと効果的です。

課題
石田豆腐店

　石田豆腐店はおよそ70年前から営業している老舗の豆腐屋さんです。製造から直営店舗での販売、ECサイトも手がけています。看板商品は「石豆腐」と呼ばれる硬めの豆腐。通常の豆腐の2.8倍の大豆が使われており、タンパク質など栄養価が非常に高いことが知られています。一方で通常の豆腐同様にカロリーは控えめです。国産の大豆と天然にがりを原料として、地元の清流でつくられており、価格は1丁400円前後と通常の豆腐の3倍程度です。食べ方としては冷奴ではなく「豆腐ステーキ」が一般的で、麻婆豆腐などで使っても簡単には崩れません。切れば刺身としても味わえます。これまで地元の名産品としてお土産や通販で好評を得てきました。

　しかし、社長はさらに石豆腐を一般家庭に広めるべく、新しい商品やサービスを開発したいと考えています。ターゲットにするのは都市部に暮らす家族。味はもちろんですが「高いタンパク質」と「低カロリー」に注目して、ジムに通う夫婦やスポーツを習い事にしている子どものいる世帯に向けたものにするという戦略を立てました。

皆さんなら、どのような新商品・新サービスのアイデアを考え、コンセプトを設計するでしょうか。4つのCを考え、以下の4行からなるストーリーフォーマットで表現してください。大切なのは4つの要素のつながりです。語尾や言い回しは文章の内容に応じて変化させて構いません。（目安：1時間）

ターゲット：都市部の家族
　夫婦どちらかはジム通い／または子どもがスポーツを習っている

1　××××という葛藤を抱える家族がいました。
（Customer ｜ インサイト）

2　**しかし、**他の商品や企業には×××××という問題がありました。
（Competitor ｜ 競合）

3　**そこで、**石田豆腐店は××××××することにしました。
（Company ｜ ベネフィット）

4　**つまり、**×××××という提案です。
（Concept ｜ 新しい意味）

考え方と回答例

　豆腐を題材にしたのは誰もが慣れ親しんでいる食材であること、また伝統的食材だからこそ、最新のトレンドや技術に影響されず、純粋に商品と人との関係からストーリーを考えられるという理由です。もちろんコンセプトには厳密な正解と不正解の区別はありませんが、参考としてひとつの筋を示しておきます。

■ CUSTOMER ｜ 顧客インサイト

インサイトは「AだけどB」という構文で記述することを思い出せたでしょうか。ジムに通う夫婦の食に対する葛藤を探してみましょう。

心理A：効率良くタンパク質を摂りたい

ジムに行けばインストラクターから食生活の重要性を学ぶことになります。中でもタンパク質を効率良く摂取することが推奨されるわけです。実際、高タンパクな食材や食品が、スポーツジム近くのコンビニではとてもよく売れています。ですからまずは「効率良くタンパク質を摂りたい」という気持ちを捉えることになります。次に、それとは反対の方向にあって葛藤を引き起こしてしまう、もうひとつの心理がないか、考えてみましょう。

心理B：味気ない食事は嫌だ

高タンパクな食材は、味気ないことが少なくありません。筋トレの味方として代表的な鶏のささみにしても、様々な調理方法が編み出されていますが、それでも限界はあります。つまりターゲットは「味気ない食事は嫌だ」という気持ちも抱えているはずなのです。

インサイトは**「効率良くタンパク質を摂りたいけれど、味気ない食事は嫌だ」**と記述できます。他にも**「良質なタンパク質を摂取したいけれど、料理をするのは面倒だ」**とか**「筋肉はつけたいけれど、太りたくはない」**といった捉え方もあるでしょう。どれも成立していますが、どのインサイトを起点にするかによって、その後のストーリーが大きく変わる点には留意しておきましょう。

■ COMPETITOR ｜ 競合

ターゲットが定まり、インサイトの仮説ができたら次は競合を分

析していきます。3つのレイヤーで競合を捉え「弱点」や「手ぬかり」を見つけるのでしたね。

カテゴリー：一般的な豆腐
弱点：比べるとタンパク質が少ない

同一カテゴリーの競合は、一般的なお豆腐たちです。「効率良くタンパク質を摂る」という観点からは、多少値は張っても石豆腐に優位性がありそうです。

ジョブ：鶏のささみやプロテインなどの高タンパク食
弱点：料理のバリエーションが少ない

「タンパク質を摂る」をジョブとして設定したら、競合には例えば鶏のささみなどが挙げられます。確かに効率良くタンパク質を摂取することは可能ですが、繰り返し食べていれば、飽きてしまいますよね。プロテインも便利ですが、それだけで食事の代替として満足できるかというと難しいでしょう。高タンパク食材には「料理のバリエーションが少ない」という弱点がありそうです。

タイム：健康系レストランなど
弱点：お金と時間がかかり、家族の習慣に向かない

時間という意味では外食も競合に含めていいのではないでしょうか。トレーニング後の時間をターゲットにした飲食店がいくつか存在します。良質なタンパク質を、様々なメニューで食べさせてくれるボディビルダー向けのお店もありますが「お金も時間もかかるため、毎日家族で通うわけにはいかない」ことは明らかです。

先ほど見つけたインサイト「効率良くタンパク質を摂りたいけれど、味気ない食事は嫌だ」に照らし合わせるならば、**「高タンパク食**

材は料理のバリエーションが少ない」という点が、狙うべき既存商品
の弱点になりそうです。

3 COMPANY ｜ ベネフィット

「味気ない食事は嫌だ」と考える人たちに対して石豆腐はどのような
提案ができるでしょうか。石豆腐の魅力をファクト、メリット、ベネ
フィットに仕分けします。

ファクト：通常の2.8倍の大豆量。料理中に崩れない硬さ。

石豆腐には強力なファクトがあります。それが「通常の2.8倍」の
大豆量で高タンパクであるということです。また通常よりも硬いため
麻婆豆腐などの料理に使っても崩れない事実もあります。

メリット：カラダに必要なタンパク質を、様々な料理方法で。

ファクトがもたらす一般的なメリットはなんでしょうか。1つ目に
カラダに必要なタンパク質を、たくさん摂取できること。そしてもう
ひとつ、ステーキや麻婆豆腐など食べ応えのある料理をつくれること
が挙げられますね。タンパク質を飽きが来ないほど様々な料理方法で
味わえることは、多くの人に理解できるメリットのはずです。

ベネフィット：ボディメイクを楽しく続けられる

こうした食材のメリットがターゲットにもたらす便益は、食生活で
も苦痛を伴うボディメイクが難なく楽しく続けられるということで
しょう。

4 CONCEPT ｜ 新しい意味の提示

　ここまでの流れを整理しましょう。ターゲットは都市部で暮らす家族の中でも、スポーツジムに通い健康に気をつけている夫婦、またはスポーツをしている子どものいる家庭でした。

　「効率良くタンパク質を摂りたいけれど、味気ない食事は嫌だ」というインサイトがあるにもかかわらず「高タンパク食材は料理のバリエーションが少ない」状況が続いていた。そこで石豆腐の「大豆量2.8倍」という特徴を活かし「カラダに必要なタンパク質を様々な料理方法で味わえるから、ボディメイクが楽しく続く」というベネフィットを提示しようと考えてきたわけです。

　この流れに対して「つまり」や「だから」で続くようにコンセプトを考えていきます。大切なのは、栄養価はもちろんですが様々な調理方法があることを知らしめることです。それさえできれば豆腐を毎日食べてもらえますし、顧客も飽きずに毎日の食事を楽しむことができるはずです。そこでコンセプトは**「カラダを強くするおいしい習慣」**として**「石豆腐100日レシピ」**を新商品として打ち出すことにします。

　石豆腐の「レシピ」をメインにしたのは、豆腐を一時的に売るのではなく「健康習慣」として定着させる狙いからです。100日食べ続けても飽きないほど料理のバリエーションがあることを訴求することにもつながります。最初の1週間分だけ豆腐を送り、気に入れば追加でオーダーできるような仕組みにしてもいいかもしれません。

5 4つのC

　4つのCが出揃いました。ここではアイデアそのものよりもストーリー性に注目しましょう。図3-10をご覧ください。

4つのマスがつながり、ひとつのストーリーとして成立しています
ね。また①で書かれたインサイトを、④のコンセプトがしっかりと受
け止めていることも確認してください。4つを埋めているうちに最初
のCからズレた結論になることがあります。

　また最初から4Cを完璧に揃えるのではなく、全体を見ながらひと
つひとつの要素を調整していけるといいでしょう。4つのセンテンス
に落とし込めば以下のようになります。

図3-10.

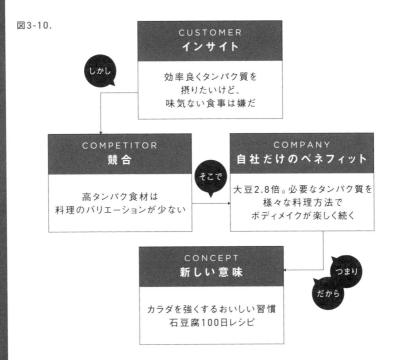

1　**「効率良くタンパク質を摂りたいけれど、味気ない食事は嫌だ」**
　　という葛藤を抱える生活者がいました。

2　しかし、残念ながら高タンパク質食材には**「料理のバリエーショ
　　ンが少ない」**という課題があったのです。

3　そこで、私たちは石豆腐の持つ「**通常の豆腐の 2.8 倍の大豆量**」という事実に目をつけ「**カラダに必要なタンパク質を、様々な料理方法で**」提供し「**ボディメイクが楽しく続く**」ようお手伝いをすることにしました。

4　つまり、それは「**カラダを強くするおいしい習慣**」という提案。「**石豆腐 100 日レシピ**」を試してみませんか。

コンセプトの文章化

　マーケティング調査ではコンセプトを文章化し、それを想定顧客に評価してもらうことがあります。以下の文章は、先ほどつくったばかりの4行ストーリーの構造をそのまま土台にして、アイデアが分かる程度にサービス情報を追記したものです。

効率良くタンパク質を摂りたいけれど、味気ない食事は嫌だ。
筋トレを始めて数ヶ月も経つと誰もがそう思います。
高タンパク食材の料理バリエーションの乏しさに、
苦労してはいないでしょうか。

そんなあなたにこそ、石豆腐を知って欲しいのです。
大豆量はなんと通常の豆腐の2.8倍。
切ればお刺身に、焼けばステーキになるその万能性で
必要なタンパク質を様々な料理で味わえますから、
飽きることがありません。
食事を楽しみながらボディメイクを続けられることでしょう。

筋肉をつけたい大人にも、育ち盛りのお子さんにも。
家族みんなに嬉しい100日分のレシピと
石豆腐1週間分をセットにして送ります。

今日の食事は明日のカラダ。
未来を変える食習慣を始めてください。

カラダを強くするおいしい習慣　石豆腐100日レシピ
石田豆腐店

　4マスの言葉をできる限りそのまま使っていますので、ぎこちない表現もありますね。しかしながら広告のボディコピーとは違い名文や美文を目指す必要も、レトリックや言葉の選定にこだわる必要もありません。まずは意味を正しく伝えることが第一の目的です。1度書くだけで、ストーリーのつながりの良し悪しが判断できますし、プレゼンテーションがスムーズにできるようになるというメリットもあります。是非、コンセプトの文章化を習慣にしてください。

☑️ **インサイト型のストーリーとは
顧客を救済する物語である**

- 4つのCから構成される。
- Customer（顧客）、Competitor（競合）、Company（自社）、
  そしてConcept。
- 困っている人がいる。しかし誰も助けない。そこで手を差し伸べる。
  つまり…と組み立てる。

☑️ **インサイトとは
「まだ満たされていない、隠れた欲求」のこと**

- インサイトを記述する基本構文は「AだけどB」。
  AとBは矛盾する2つの心理を記入する。
- 例）オイシックスミールキット
  手間をかけたくない（だけど）手抜きはしたくない。
- 例）ザ・ファースト・テイク
  気軽に音楽を楽しみたい（だけど）アーティストの本気が見たい。
- 例）ファブリーズ
  家の臭いはとりたい（だけど）洗濯するのは面倒だ。
- インサイトとコンセプトのつながりが肝。

☑️ **コンペティター
勝ちにこだわると価値が見つかる**

- 3つの視点から競合の「手ぬかり」や「弱点」を探す。
  それがブランドのチャンスになる。
- ①カテゴリー　同一カテゴリーの競合は誰か？
- ②ジョブ　同じ仕事を成し遂げる競合はどこにいるか？
- ③タイム　同じ時間を奪い合う競合は誰か？

☑️ **カンパニー　自社だけのベネフィットはなにか**

- 強みを3つの視点で仕分けする。
- ①ファクト　商品やサービスが持つ客観的事実はなにか？
- ②メリット　ターゲットを絞らない一般的な便益は？
- ③ベネフィット　ターゲットに強く訴求する便益は？

第 4 章

未来目線で 設計する 「ビジョン型 ストーリー」

第3章では顧客目線でストーリーをつくることを学びました。生活者の心理的葛藤から丁寧に設計すれば、必ず顧客から共感されるコンセプトになります。しかしながら、インサイト型のストーリーも万能ではありません。時代を先取るようなコンセプトをつくりづらいという弱点もあるのです。

インサイトを説明する際、新しい視点があっても共感が得られないものは「独りよがり」だ、と1度切り捨てました（P106～P107参照）。ところが歴史を振り返ると、後にイノベーションと呼ばれるコンセプトは、ときに独りよがりとも思える構想や妄想によってもたらされていることも多いのです。

「顧客の声を聞くな」というメッセージを残した著名経営者は数知れません。自動車の量産に成功したヘンリー・フォードが言った（とされているが出典不明な）**「顧客になにが欲しいかを尋ねたら、もっと速い馬が欲しいという答えが返ってきただろう」**という言葉はよく知られています。また、スティーブ・ジョブズも**「人はカタチにして見せてもらうまで、自分はなにが欲しいか分からないものだ」**と顧客にニーズを尋ねる市場調査を嫌いました。ソニーの創業者である井深大も「マーケット・サーベイによって新製品を企画することは、アメリカの常識になっているが、**真に新しいものは、物を出すことによって、はじめて、マーケット・サーベイができるのだ**」（1970年10月イノベーション国際会議での講演）と語っています。

もちろん、これらの発言を「顧客を無視しろ」というメッセージとして捉えるのは早計です。インサイトの項目で説明したように、顧客は本当に欲しいものを言葉にできません。だからこそ、つくり手がまず先に価値あるものをつくり提示するべきだ、というメッセージとして受け取るべきでしょう。

第4章で学ぶのは、未来目線で物語るビジョン型のストーリー設計です。つくり手が信じる未来を起点にコンセプトを導いていきます。未来を語る上で欠かせないミッションとビジョンという2つの概念を理解するところから始めましょう。

4-1

ビジョン型ストーリーの
骨子

■ 過去と未来を言葉で結べ

　読者の皆さんも1度は、ミッションやビジョンという言葉を見聞き
したことがあるはずです。しかしその意味をきちんと説明できるで
しょうか。

図4-1. ミッションとビジョンの定義

MISSIONとは

組織が担い続ける社会的使命

VISIONとは

組織が目指すべき理想の未来

　MISSION(ミッション) の語源は、ラテン語で「送る」を意味する
mittere(ミッテレ) です。キリスト教文化の中で「神の言葉を送り届け
る」という意味を持ち始め、それが「伝道」という宗教的行為と結び
つき、今日のように「使命」を示す言葉になりました。神の言葉と紐
づいたからでしょうか、いまでもミッションには「社会から要請され

る」というニュアンスが強く残っています。ここに単純な「目標」や「目的」との違いがあります。ですから、ビジネスの文脈に即して日本語にするならば「社会的使命」と捉えるのが適切だと考えられます。

　一方のVISION（ビジョン）の語源はラテン語のvidere（ウィデーレ）で、こちらは「私が見る」という意味で使われていました。そこから視覚や視力、先見性や見通しという意味になったのです。ビジネスにおいては「組織が目指すべき理想の未来」と翻訳できるでしょう。

　ミッションやビジョンは様々な定義が飛び交っており、一歩間違えると神学論争のように収拾がつかなくなってしまいます。しかし大切なのは定義よりも、その使い方です。ミッションとビジョンは時系列の中で理解して、運用するのが良いでしょう。図4-2をご覧ください。

図4-2. ビジョン型のストーリー構造

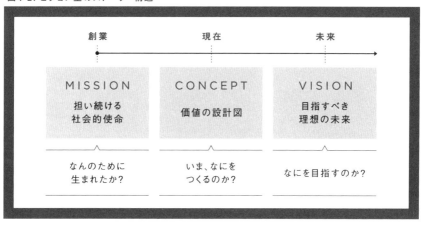

　企業やブランドが生まれた地点から、未来に至るまでの時間軸にミッションとコンセプトとビジョンを配置しました。

　ミッションは組織やブランドが生まれながらに背負い、また最後ま

で組織とともにあるものです。つまり**ミッションとは創業から未来永劫続いていくストーリーの源流**なのです。

　歴史を背負うミッションに対し、**ビジョンは未来の風景を示します**。ミッションは永遠に続く前提ですが、ビジョンは叶えられた瞬間に消失します。図4-2を見ると時の流れを示す矢印がビジョンの先へと伸びていますね。ひとつのビジョンを叶えた組織が、次のビジョンを目指して進んでいくことを示しています。

　コンセプトは**ビジョンへと向かう第一歩として「現在」に記述されます**。5年後、10年後、30年後に目指すべき理想の未来のために、いまカタチにできる最良のものを言語化したものがコンセプトなのです。

■ 桃太郎と大統領の物語

「**そもそも**」の使命を定義するミッション、「**いつか**」の未来を語るビジョン、「**そのためにいま**」やるべきことを語るコンセプト。3点を明確にすると時間軸を伴ったストーリー構造ができ上がります。誰もが知る桃太郎の物語で、その構造を確認していきましょう。図4-3をご覧ください。

図4-3.

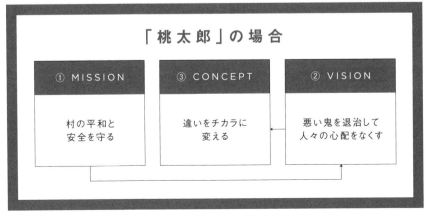

桃太郎のミッションは**「村の平和と安全を守る」**ことです。このミッションは桃太郎たちが存在する限り変わりません。また決して桃太郎たちの自己都合ではなく、村人からの要請で生まれている社会的使命であることに留意してください。

　次に時制を未来へと飛ばして、ビジョンです。村の平和を守るために桃太郎たちは**「悪い鬼を退治して人々の心配をなくす」**未来に挑みます。鬼を倒した時点でビジョンは達成され、また次のビジョンが打ち立てられることになります。例えば「次の鬼を生み出さない仕組みをつくる」とか「自分たちの安全を、自分たちで守れる村にする」「平和を世界へ伝える村になる」などが考えられるでしょう。他に疫病、自然災害などが発生していたら、それらに向き合うビジョンになるかもしれません。様々なビジョンがありえますが、それがチーム結成の原点から未来までに筋を通すミッション「村の平和と安全を守る」ためであることを忘れてはいけません。

　最後に、コンセプトはビジョンの実現に向けた第一歩として記述します。「鬼を倒す」というビジョンの実現のために、いまできることはなんでしょうか。強大な力を持つ鬼ですから、ひとりの力では太刀打ちできません。だからこそ、桃太郎を中心に猿、犬、キジという個性的なメンバーが揃って力を合わせ**「違いをチカラに変える」**ことが戦い方の基本コンセプトになるはずです。

　ちなみに、この基本コンセプトをベースに、日常的な行動指針に落としたものをバリューと呼びます。企業文化を言語化する際にはミッション、ビジョン、バリューの3点セット（MVV）を考えるのが一般的です。バリューに関しては第6章で解説します。

　桃太郎の話に戻りましょう。時系列で整頓すればミッション、コンセプト、ビジョンの順番ですが、物語る際は　①ミッション　②ビジョン　③コンセプト　の順番に並べます。過去と未来を語った上

で、その中心点としてコンセプトを位置づけるのです。そしてそれらを「そもそも」「いつか」「そのためにいま」の接続詞でつなげば3行のスクリプトができ上がります。

① MISSION

そもそも私たちは「村の平和と安全を守る」ために立ち上がった。

② VISION

いつか「悪い鬼を退治して人々の心配をなくす」ことを目指す。

③ CONCEPT

そのためにいま「違いをチカラに変える」のだ。

とてもシンプルな物語構造ですが、これだけであらゆる事業構想を物語ることができるようになります。経営だけでなく政治家のスピーチなどでも同様のストーリー構造が応用されてきました。

特にアメリカという国は多様な民族的・人種的・宗教的背景を持った人々で構成されています。そんな人々の目線を揃え、合意を得て、意思決定を繰り返すために、大統領を筆頭とするアメリカの政治家たちは物語を有効活用することを学んできました。

例えば演説の冒頭で、建国精神について触れるのはその典型です。ヨーロッパ大陸から新天地を求めて海を渡ってきたピルグリム・ファーザーズから西部開拓時代に至るまで「フロンティア精神がアメリカをつくりあげてきた」ことを語り、愛国心に訴えかけます。ミッションには、共同体のこれまでの歩みを全肯定し、帰属意識を高める効果もあるのです。

次に政治家はビジョンを語ります。例えばケネディ大統領は「我々は新たなフロンティアに直面している」と述べた上で、人口問題や教

育、科学や宇宙開発の未来をニューフロンティアとして語りました。

　会場が熱を帯びてきたら、最後にコンセプトを提示します。ビジョンを新しい法案や政策、投資戦略など具体的な行動に結びつけるのです。ミッションとビジョンで大きな流れを理解した後では、聴衆は新しいコンセプトを受け入れやすくなっています。

図4-4.

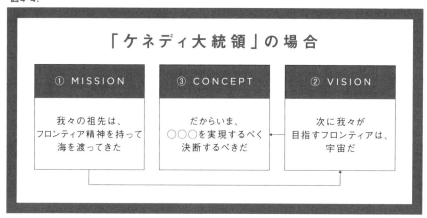

　政治のスピーチでは特にビジョンの提示が鍵を握ります。1963年、リンカーン記念館の階段上で行われたキング牧師の演説は "I Have a Dream" を8度にわたって繰り返し、聴衆の全てに人種差別のない未来の風景を見せることに成功しました。原稿の一部を抜粋します。

「私には夢があります。いつの日か、ジョージアの赤茶けた丘の上で、昔は奴隷だった人々の子孫と、昔は奴隷の所有者だった人々の子孫が、同胞のテーブルに一緒に座ることができるようになるという夢です。」

「私には夢があります。いつの日か、私の4人の可愛い子どもたちが、肌の色ではなく彼らの人柄の中身で評価される国に住むようになることです。」

キング牧師は抽象的な論理で煙に巻くのではなく、こうした具体的な日常シーンを解像度高く描き出すことで人々の胸を打ちました。

しかしもちろん、歴史においてスピーチが悪用され、間違えた方向へ社会を導いた例もあることには注意が必要です。モラルに反した内容であっても説得さえできれば良いという考えに、本書は明確に反対します。

未来目線で物語る力を、企業やブランドはどのように活用できるでしょうか。国家を超えるほどの影響力を持つに至った、ある企業の事例を見ていきましょう。

■ ロケットを打ち上げたストーリー

2020年5月30日、米国宇宙開発企業のスペースXが快挙を成し遂げました。2名の飛行士を乗せた宇宙船「クルードラゴン」で民間初となる国際宇宙ステーションへの有人飛行を実現したのです。さらに翌2021年の9月には4人の民間人を地球の軌道上に打ち上げ、3日間地球を周回させます。本格的な「宇宙旅行」時代が始まるかもしれない。そんな予感に世界が包まれました。

スペースXは、IT決済事業で成功したイーロン・マスク氏が2002年に立ち上げた企業です。宇宙開発に莫大な費用がかかることから、アメリカ政府は民間の自由競争によってコストを下げる方針を打ち出しました。スペースXは真っ先に名乗りを上げた企業のひとつです。わずか20年足らずで圧倒的な成果を成し遂げた要因は、もちろん技術力でしょう。しかしながら、その技術を持った人材や投資を集めてひとつの目的に向かわせた力を無視することはできません。それこそが「物語る力」なのです。ではマスク氏が語った物語とはどのようなものだったのでしょうか。次に彼のミッション、ビジョン、コンセプトを順を追って見ていきましょう。

ミッション：人類の未来が明るいことを示す

「国を超えるスタートアップ企業」とさえ呼ばれるスケールの大きな企業だけあって、ミッションも実に壮大です。人類の未来が明るいことを示す、と宣言できる国家がいまいくつあるでしょうか。マスク氏は環境破壊によって地球が滅ぶ可能性を深刻に受け止めて行動しているように見えます。彼はスペースXだけでなく、電気自動車とエネルギーマネジメントや半導体を扱う「テスラ」も経営していますが、ミッションは同じです。一方は地球を持続可能にするために、もう一方では地球に依存しない選択肢をつくるためにビジネスという手段を選んでいるわけです。

彼のミッションステートメントに対し、当初は「偽善」だとか「道楽」だなどと非難する人もいました。メディアを賑わせる本人の「やんちゃ」でときに「無礼」なキャラクターも、いつものように火に油を注ぎました。しかし、度重なる危機を乗り越えるたびに、その考えが投資家向けのフェイクではなく本物であると信じざるをえなくなるのです。例えば2008年のリーマンショック時。資金が底をつき、スペースXもテスラも存続が危ぶまれました。このとき、マスク氏は「最後の1ドルまで会社に使う」と宣言し「あなたの上司のためでなく、人類の未来のために働いてください」と全社員にメールを送ったのです。

リーマンショックをかろうじて乗り越えた後も、試練の連続でした。試作のロケットが爆発し、工場のトラブルが明るみになり、資金難が何度も報道されましたが、マスク氏はそれでも、すべては人類のためというスタンスを決して崩しませんでした。そして目先のトラブルに周囲が惑わされているときにこそ、ビジョンを語ってきたのです。

ビジョン：人々を複数の惑星で暮らせるようにする
Making Life Multiplanetary

地球だけではなく、他の惑星で暮らす選択肢をつくること。惑星か

ら惑星へと移動するシステムをつくりあげること。それがスペースX
の究極のビジョンです。マスク氏は100年かけて火星に100万人の人類
を送り込み、自給自足して暮らせる植民地をつくることを構想してい
ます。突拍子もない話に聞こえるでしょうか。実は私自身にも理解が
及ばない範囲があり、発言のすべてを無邪気に信じ切ることはできま
せん。

しかし2012年、カリフォルニア工科大学で行ったスピーチで「300
年前の人に空を飛べるよ！ と伝えたら狂っていると言われるに違い
ない」と説くマスク氏を見ると「ありえないことなんてない」と思え
てくるのです。物理学の法則と矛盾しない限り、想像できることは実
現できる。その確信があることがエンジニアでもあるマスク氏の強さ
でしょう。そしてビジョンを口先だけで終わらせないために、スペー
スXは、あるひとつのコンセプトを徹底的に追求してきました。

コンセプト：再利用可能ロケット　Reusable Rocket

火星を目指すにあたってボトルネックになるのは技術ではなく予算
でした。アメリカ政府が宇宙開発を民間に委ねたのも自由競争によっ
てコストを減らすことを目論んでいたからです。だからこそマスク氏
は「宇宙は手の届く価格でなければならない」と当初から語ってきま
した。目指すのはNASAのロケットと比較して100分の1の価格。どの
ようにして価格を抑えるのか。その答えが**「再利用可能ロケット」**と
いう開発コンセプトだったのです。

スペースXのロケットは上空で分離した後、本体が地上に「落下」
するのではなく、垂直に「着陸」するようにできています。消耗部品
さえ取り替えれば何度でも打ち上げることができるのです。使い捨て
だったロケットと比べてコストは大幅に下がりました。米国政府が打
ち上げる人工衛星が1基2億ドル前後かかるのに対し、スペースXの場
合は1回の打ち上げが6000万ドルほど（2020年時点）。すでに3分の1の
圧縮に成功しているのです。

宇宙旅行を一般化させようとしているのも、ロケットの価格を下げるため。宇宙に行くコストが海外旅行くらいの相場に落ち着いて初めて、現実的に火星を目指せるというわけです。

図4-5.

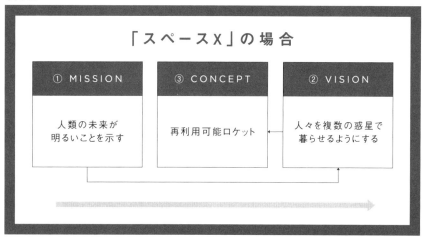

　ここまでお話ししてきたスペースXのブランドストーリーを、「そもそも」「いつか」「そのためにいま」で構成する3行スクリプトにしてみましょう。壮大なスケールですが、要素同士のつながりは明快で論理に破綻や飛躍がありません。

そもそも、スペースXは**「人類の未来が明るいことを示す」**ために始まった。いつか、**「人々を複数の惑星で暮らせるようにする」**のがビジョンだ。そのためにいま、**「再利用可能ロケット」**をつくる。

　全体構造の次はミッションとビジョンに求められる言語表現について、それぞれ詳しく説明していきます。

過去を見つめ直すミッション

■ 過去の持つ意味はひとつじゃない

　まず、ミッションを書くためには過去を見つめ直す作業が必要になります。この作業でのポイントは、本質的な価値を掘り当てるということです。第2章で紹介した「目的の問い」を覚えていますか？　実際に販売している有形のものを手段と捉え、より本質的な目的はなにかを問いかける手法でした。ミッションを見つける際には**「これまで自分たちがつくってきたものが手段だとしたら、本当の目的はなにか？」**と問いかけて欲しいのです。ミッションの定義で説明したように、この場合の目的とは**「社会から要請された使命」**だと考えてください。

　過去を定義し直してミッションを見出す作業を、架空の石鹸メーカーA社を題材に考えてみましょう。A社の石鹸は、肌の健康を大切に考える女性たちに愛されてきました。しかし石鹸市場は頭打ち。A社はさらなる飛躍を目指し、ミッションを見直すことにしました。そこで「目的の問い」です。「これまでつくってきた石鹸が手段だとしたら、本当の目的はなんだったのか？」と、問いかけます。そこで**「女性の健康美」**をつくってきたのだ、と合意するならば、それがミッションになり、次の事業を構想する土台になります。健康美という概念をもっと広げるために、石鹸から基礎化粧品へ、そしてメーキャップ化粧品へとラインナップを拡充していく展開が考えられますね。

架空の話を続けます。A社が世界的な化粧品ブランドになり、成熟した化粧品市場の中で再び変革を試みるとするならば、今度は「これまでつくってきた化粧品が手段だとしたら、本当の目的はなんだったと言えるか？」と問いかけることになるでしょう。女性の美しさという概念は時代に合わせて変わり続けています。女性が家庭に入ることが前提だった時代と、女性が社会の顔になる時代では、美しさに求められる意味も役割も変わります。A社はその変化に対応して、女性が堂々と生きる時代をつくってきました。そんな洞察からA社は**「女性の自信」**を提案してきたのだ、と改めて過去を見つめ直すことができそうです（図4-6）。するとA社の今後の展開には「教育」と「キャリア」支援のような、外見だけではなく人間性の充実に向かう事業計画が視野に入ることでしょう。

■■ 未来はいつだって過去の発見から始まる

「石鹸をつくる会社」から「女性の健康美をつくる会社」になり、やがて「女性の自信を生み出す企業」を目指すようになる。変革を続けてきた老舗企業は、A社のように節目節目で、何度も自らのミッションを再定義してきました。**歴史を振り返る視点や立場によって、過去の持つ意味は変わっていく**のです。一方、そこで見出した過去の意味によって、未来が規定されることも注目に値します。「女性の健康美」をつくる企業としての未来と「女性の自信」をつくる企業としての未来は、大きく異なるはずですよね。つまりミッションは、ビジョンに方向性を与える働きがあるのです。

図4-6.

MISSIONの見つけ方

表層　「石鹸や化粧品」をつくる会社

これを手段としたときに、本当の目的はなに？

本質　「女性の自信」をつくる会社

■ ミッションは「普遍性」と「固有性」

バイクに始まり、ボート、マリンジェット、スノーモービル、電動車いすなど、様々な移動手段を開発しているヤマハ発動機。先ほどの化粧品会社の例と比べると、商品ラインナップも多様でミッションを見つけるのが難しく感じられますね。しかしながら、考えることは複数の事業があったとしても変わりません。多岐にわたるプロダクトをあくまで手段だとしたときに、その目的はどのように表現できるでしょうか。

ヤマハ発動機は自分たちがつくってきたものを、A地点からB地点まで効率良く「移動する」ための道具ではなく「感動する」ための道具だと捉え、自らを **「感動創造企業」** と定義しました（図4-7）。改めて商品ラインナップを見てみれば、実用だけでなく、海から雪山まで趣味性の高い領域に強みがあることが分かります。感動という言葉は複数の事業領域をカバーする広がりを持ちつつ、ヤマハ発動機らしさも捉えていますね。次につくるべき感動はなにか？ を考えることで、独自のビジョンも導くことができるはずです。

図4-7.

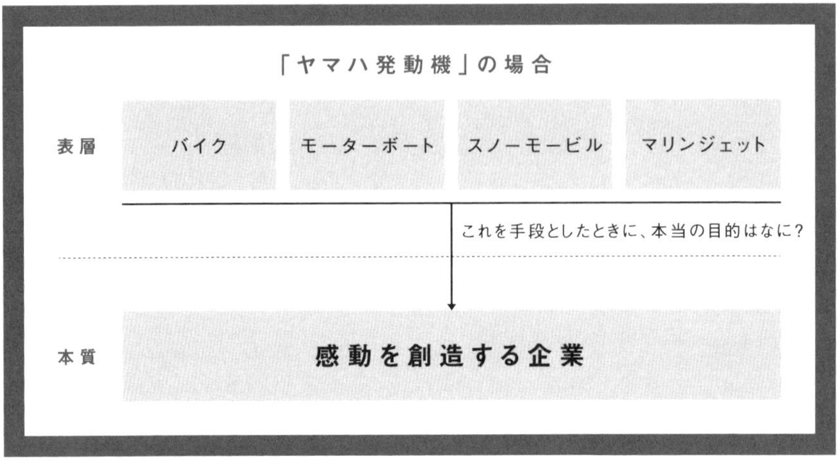

「ヤマハ発動機」の場合

| 表層 | バイク | モーターボート | スノーモービル | マリンジェット |

これを手段としたときに、本当の目的はなに？

| 本質 | **感動を創造する企業** |

　同じモビリティ産業でも、トヨタ自動車は**「幸せを量産する」**というミッションを2020年の3月から掲げました。「幸せ」は一般的な言葉ですが「量産」という言葉との組み合わせには独自性を感じます。同社は同時期に自動車会社からモビリティカンパニーへと変革することを宣言しています。「幸せの量産」という概念は自動車を量産してきた過去を再編集し、自動車だけではない移動の可能性を量産する未来へと物語をつなぐ役割を担っているのです。

「感動の創造」「幸せの量産」「女性の自信」のように、ミッションとなる言葉には**具体性よりも普遍性**が求められます。ミッションをバイクや自動車や石鹸などと具体的なモノやサービスで定義してしまうと、その先の発展を構想するのが難しくなってしまうでしょう。かつてアメリカの鉄道会社が自らを「鉄道を敷く会社」と捉え「人やモノの移動をつくる会社」と捉えられなかったために衰退したことは、第2章でも解説しました。

　また同時にミッションには**企業やブランドの「らしさ」を捉える**ことも求められます。「感動」や「量産」といった、自社の根本に関わ

る概念を見つけることが大切です。**普遍性と固有性、この2つを掴むことをミッションの言語化のポイント**として押さえておいてください。

未来を見通すビジョン

■ 見える言葉と見えない言葉

　次にビジョンについて解説していきます。以下に箇条書きしたのは
「自社のビジョンを書く」という課題に提出された、受講生たちの言
葉です。

・情報技術で人を幸せにする　｜　印刷会社
・スポーツを通じて人生100年健康に　｜　高齢者向けスポーツ教室
・日本企業の生産性を上げる　｜　コンサルティング企業
・みんながサーフィンを楽しむ時代に　｜　自営業

　事業の説明や経営理念としては素晴らしい内容で、反論するべきと
ころなどないように思えます。しかし残念ながら、どれも「ビジョン」
と呼ぶにはふさわしくありません。なぜでしょうか。

　ビジョンが、そもそも「見る」を意味することはすでに解説しまし
たね。**目指すべき理想の未来を「見える言葉」で表現するのがビジョ
ンの役割**です。言葉を受け取った人が景色を思い浮かべてスケッチ
に描ける具体性がなくてはなりません。その点、受講生の書いた添削
前のビジョンはどうでしょうか。この言葉から絵を描くのは難しいで
しょう。まだ、見える言葉になっていないようですね。

　優れた経営者の多くは未来を可視化することにこだわってきまし

た。京セラ創業者の稲盛和夫はビジョンのことを**「現実の結晶」**と呼び、達成した状態が白黒ではなくカラーで見えるまで考えるように説いています。

　スポーツでいうイメージトレーニングに似ていますが、イメージもぎりぎりまで濃縮すると「現実の結晶」が見えてくるものなのです。逆にいえば、そういう完成形がくっきりと見えるようになるまで、事前に物事を強く思い、深く考え、真剣に取り組まなくては、創造的な仕事や人生での成功はおぼつかないということです。*(稲盛和夫著『生き方』サンマーク出版より抜粋)*

　図4-8をご覧ください。縦軸で時制（未来−現在）を、横軸で言葉の抽象度（抽象−具体）を示しています。この図を使って示すならば、ビジョンとは「未来」を「具体的」に記述する右上の象限に当てはまるのです。

図4-8. なにを書くとビジョンになるのか

スペースXのビジョンは**「人々を複数の惑星で暮らせるようにする」**でした。もしも「宇宙イノベーション」や「宇宙でも豊かな暮らしを」といった曖昧な言葉でごまかす企業だったら、果たして、いまのような成果を挙げられていたでしょうか。ソニーの井深大氏もトランジスタという新技術を手にしたときに「革新的な製品をつくろう」などといった曖昧な号令をかけませんでした。まだラジオが一家に一台の家具だった時代に、**「ポケットに入るラジオをつくろう」**と新しい生活シーンをありありと伝える言葉でエンジニアたちを奮い立たせました。見える言葉は、それだけで周囲の人々に「実現したい」と思わせる力を持ちます。

　多くの人は未来のことを語るとき、抽象的な言葉に逃げてしまうものです。結果、先ほどの図4-8の左上に示される「ポエム」が量産されることになります。「人生がもっと豊かになる未来」や「個性が響き合う社会へ」といった言葉はその典型でしょう。ポエムとしての評価はさておき、ビジョンとしては失敗作です。

　もうひとつビジョンと混同されがちなのが右下の象限にある「事業定義」です。ビジョンと呼びながら、未来の話ではなく、現在の当たり前を書いてしまうケースは少なくありません。例に挙げた受講生のビジョンのひとつ「日本企業の生産性を上げる」は、未来ではなく現在の事業そのものを説明する言葉です。ビジョンとして活用するならば、生産性を上げたその先で、どのような理想状態を目指すかを言語化する必要があります。

■ ビジョンを書く2つのポイント

　最初からピントの合ったビジョンを書こうと力む必要はありません。とりあえず書いてみる。それをもとにチームで意見交換し、何度も書き直す。試行錯誤しながら磨き上げていけばいいのです。そのと

き、2つのポイントを意識しながら精度を高めましょう。

ポイント①　解像度を上げる

　1つ目のポイントは言葉の解像度を上げるということです。本節の冒頭で紹介した「スポーツを通じて人生100年健康に」（高齢者向けスポーツ教室）というビジョンを題材にしましょう。内容は素晴らしいかもしれませんが、スケッチに描けそうな景色が思い浮かびません。そこで文中で最も曖昧な「健康」という言葉に注目します。スポーツを通じて実現できる「健康」を具体化していくのです。

　例えば、健康を「100歳でも活発に動ける状態」と紐解いたらどうでしょう。先ほどよりも風景が想像しやすくなりました。さらにもう一歩、「動ける」も具体化して「100歳でも、100メートルを全力で走れる」と表現すれば、一段と印象に残る未来像になります。このように文章中の曖昧な点をなくし、想像できる言葉にすることが解像度を上げる作業なのです。修正前後を並べて比べてみましょう。

　　修正前：スポーツを通じて人生100年健康に
　　修正後：すべての100歳が100メートル走れる時代へ

　ちょっとした言葉の手直しでビジョンの伝える力が大きく変わりました。修正後なら誰もが景色を想像できます。他にもいくつか修正事例を見ておきましょう。

　　修正前：情報技術で人を幸せにする
　　修正後：情報で不治の病を治す

　こちらは印刷会社の方の新規事業ビジョンです。「人を幸せにする」の中身を具体的に伺ったところ、最先端の印刷技術を応用して創薬の研究に役立てるのだと説明してくれました。印刷業とは、情報業。その力を使って病を治す構想を思い描いたというのです。そこまで明

確になっているのであればビジョンに反映させないなんてもったいない。シンプルに幸せを「病を治す」に置き換えるだけで、きちんと未来を示す1行になります。

修正前：みんながサーフィンを楽しむ時代に
修正後：サーフィンをエコロジーの必修科目に

修正前は「なんのために」サーフィンを広めようとしているのかが分かりませんでした。ビジョンを書いた受講生に話を聞くと、サーフィンをすることによって地球環境の変化に敏感になるという点に注目していたことが分かったのです。書き手の思想を入れ込んだ修正後は、サーフィンの社会的意義まで明確に見える言葉になりました。

ポイント②　安全地帯を越える

ビジョンを書くためのもうひとつのポイントは、現在からほどよく距離のある未来でビジョンを書くということです。図4-9をご覧ください。これは現状の「組織能力」を考慮したときの目標の難易度を3つのゾーニングで示した図です。距離が遠くなるほど、難易度は上がると考えてください。

中心にあるのが「コンフォートゾーン」と呼ばれる安全地帯です。このゾーンに収まる目標は、普段の業務の延長線上にあり、心理的な負担もありません。慎重な人ほど、実現可能性を重視してコンフォートゾーンの中でビジョンを書こうとしてしまいます。

ひとつ外側にあるのが「ストレッチゾーン」です。このゾーンの目標は、いまのままのやり方では実現不可能です。けれども非現実的でもありません。背伸びして腕を伸ばせば掴めそうに思える。だからこそ新たな発想や挑戦が促され、組織も活気づいていきます。ビジョンはこのストレッチゾーンで書かれるべきなのです。

図4-9. ビジョンとして適切な距離を見つける

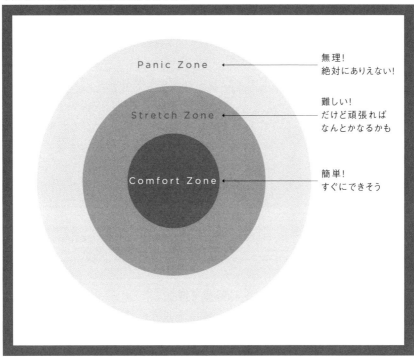

　さらにその外側には**「パニックゾーン」**が待ち構えています。永遠に実現しそうもない理想の未来を掲げても、どこから手をつけていいか分かりませんよね。むしろ混乱したり、恐怖を感じたりすることさえあります。ビジョンは安全地帯から飛び出す発想が必要ですが、いたずらに未来的で難しければいいというものでもありません。

　先ほど紹介した「日本企業の生産性を上げる」（コンサルティング企業）という言葉はコンフォートゾーンにありました。コンサルティング企業であれば、おそらく生産性を上げる仕事は日常的に行っているはずです。同じ内容をストレッチゾーンで書くとしたら、例えば「日本企業の無駄な仕事、無駄な時間をゼロにする」のように表現できるでしょう。

修正前：日本企業の生産性を上げる

修正後：日本企業の無駄な仕事、無駄な時間をゼロにする

　最新のシステムを導入すれば、それなりに生産性は上がるでしょう。難しい話ではありません。しかし、無駄「ゼロ」の実現のためには異次元の発想が必要になります。それはつまりチームの目線を上げ、これまでにないコンセプトを誘発できるビジョンになりえるということなのです。

　第2章で解説したグーグルの10Xクエスチョンは、ビジョンをコンフォートゾーンの外へ強制的に連れ出す組織的な仕掛けだと言えるでしょう。

修正前：人が引き起こす交通事故を減らす

修正（10X）後：人が引き起こす交通事故がなくなる世界をつくる

　明日からすぐにできそうな内容をビジョンとして書いてしまったら、それを1度10倍のスケールにして考えるのも手かもしれません。

■ ビジョンはコンセプトを連れてくる シャネルの事例から

　こうして未来の景色を描き出すことができれば、**「理想の未来にあって、現在にないもの」** が見えてきます。つまり、ビジョンを見ることで自ずとコンセプトが掴めるようになるのです。その原則を説明する好例として、ココ・シャネルという類稀な起業家の事例を紹介しましょう。

　20世紀前半、シャネルが登場するまで、女性服はいまとは全く違うものでした。女性たちは装飾的で窮屈な服にカラダを縛られていた

のです。シャネルは「女性服」の実態が、男性が男性目線で買う「男性のための服」であるという欺瞞を見抜いていました。そこでシャネルは**「女のカラダを自由にする」**というビジョンを持ち始めるのです。シャネルが理想とする未来で、女性たちはなにからも束縛されず、意思を持って自由に働いていました。そんな新しい時代の女性のためにシャネルは服をデザインしたのです。

　手始めにシャネルは、当時は常識だった「コルセット」を、あえて使用しないドレスをデザインしました。シャネルの前にもコルセットを使わない提案をしたデザイナーは存在していましたが、あくまで小さな実験に留まっていたのです。コルセットを過去のものとして否定したのは、シャネルが初めてでした。後にシャネルは、

「レースやコルセットや下着や詰め物で着飾って、汗をかいていたからだを自由にしてやったのよ」（ポール・モラン著／山田登世子訳『シャネル 人生を語る』中央公論新社）

と振り返っています。

　コルセットの追放に次いで、シャネルは馬の調教師用の服に使われていたジャージー素材に目をつけ、女性用のドレスをつくります。しなやかで動きやすい**「ジャージードレス」**はまさに、シャネルのビジョンが反映されたプロダクトでした。カラダを自由にした後は、肩にかけて使う**「ショルダーバッグ」**を発明し、女性の両手を自由にしました。さらには外出先でいつでも化粧直しができるように、と**「リップスティック」**まで発明してしまうのです。

　黒を喪服の色からモードの色に変えたリトル・ブラック・ドレスや、アクセサリー（イミテーションジュエリー）など、シャネルの生み出したコンセプトは現在の女性服の常識となりました。そのどれもが、女性が生き生きと働き、自立する時代のために考案されたものです。

そしてシャネル自身が、女性起業家の先駆けになることでビジョンの体現者となりました。ビジョンがコンセプトだけでなく生き方まで照らし出したと言えるでしょう。

■ 賛否両論がなければビジョンではない

　最後に1点、ビジョンをつくる際に心に留めておいて欲しいことがあります。それは、良いビジョンは賛否両論を生み出すものだということです。新しくて意味あるビジョンほど、既得権益を握る組織や人からの反対の声が大きくなるのは当然です。裏を返せば、なんの摩擦もなく合意されるビジョンは、すでに社会や組織で合意済みの予定調和な未来である可能性が高いということ。反対や批判を過度に恐れて、ポエムでお茶を濁すことなく、明確な未来を提示しましょう。

ビジョン型
ストーリーの実践

第4章の仕上げに、ミニワークに取り組みましょう。お題は第3章で扱った豆腐店の続きです。

課題
石田豆腐店　その2

　石田豆腐店の新商品が好調です。カラダを強くするおいしい習慣、をコンセプトに「石豆腐100日レシピ」を石豆腐1週間分とともにオンラインで販売したところ、狙いどおり都市部の家族に評判になりました。カラダづくりを意識する親世代の目に石豆腐の高いタンパク質が魅力的に映ったこと、簡単な調理で多彩な料理がつくれる利便性、そして育ち盛りの子どもたちも安心して食べられることなどがヒットの要因のようです。

　70年の歴史を持つ石田豆腐店はこの成功を機に、「地方の名産品ブランド」から「全国区のブランド」への変革を決心しました。そのためには、1度の成功で満足してはいられません。自分たちの使命はなにか。どのような未来を目指すのか。ミッションとビジョンを策定することが急務です。そこで皆さんに相談です。「カラダを強くするおいしい習慣」というコンセプトにつながるよう、ミッションとビジョンを書いてみてください。

　企業や組織のミッションとビジョンをつくる際、通常は歴史を紐解く研究や関係者への取材、場合によってはワークショップなどを行い

ます。本課題では「仮説づくり」と割り切って、ゼロベースで考えて
みましょう。「カラダを強くするおいしい習慣」というコンセプトに
つながる文脈がつくれるかどうかがポイントです。(目安：30分)

考 え 方 と 回 答 例

1 ミッション ｜ 社会的使命を見出す

　ミッションを考えるポイントは**「これまでつくってきたものが手
段だとしたら、本当の目的はなにか？」**と問いかけることです。そう
やって具体的なものではなく、ものを通じて提供してきた普遍的な価
値を見つけていきます。お題は、地域の伝統食である「石豆腐」一筋
の石田豆腐店。「石豆腐」が手段だとしたらなにを目的にすると言え
るでしょうか。特に**「社会的な使命」**という点で考えるならば、一般
的に以下のような視点が思いつくでしょう。

　　視点1_ 地域文化　　（石豆腐を手段に）地域の個性的な文化を守る
　　視点2_ 健康　　　　（石豆腐を手段に）健康的な食習慣を広める
　　視点3_ 素材／自然　（石豆腐を手段に）大豆の力を引き出す
　　視点4_ 職人技　　　（石豆腐を手段に）職人の技を伝承する
　　視点5_ 環境　　　　（石豆腐を手段に）食事に必要なCO_2を減らす

　ここで今回のお題である変革の方向性を振り返ります。「地方の名
産品ブランド」から「全国区のブランド」を目指すと書かれていま
したね。なぜ、地方の名産品だったものを全国で広める必要があるの
でしょうか。視点1の＜地域文化＞と視点2の＜健康＞を組み合わせれ
ば、答えをつくることができそうです。日本の地域が受け継ぎ守って
きた伝統の食文化には、現代人にこそ取り入れて欲しい健康的なもの
がたくさんあります。今回の変革のきっかけとなったコンセプトも、
石豆腐という「伝統食」のタンパク質に注目して、それを現代の家族
のための「健康食」に転換するというものでしたね。そこでミッショ
ンは**「地域の伝統食を、日本の健康食にする」**としてみてはどうで

しょうか。

　このミッションならば、地域の食文化に固執するだけでも、反対に地域性を一切忘れてナショナルブランド化に突き進むでもない、ローカルに根差しながら全国展開する石田豆腐店ならではの理由になりそうです。

2 ビジョン ｜ 目指すべき理想像を言語化する

　ミッションの延長線上で叶えたい未来を、どのように記述できるでしょうか。健康食というキーワードから未来を見通せば**「食事由来の生活習慣病がない時代をつくる」**といったビジョンが考えられます。かつての日本には、おそらく生活習慣病などほとんど存在しなかったはずです。薬ではなく食生活の見直しで病を防ぐことができれば、社会的なインパクトは絶大です。しかし、冷静に考えれば、豆腐店が掲げるにはスケールが大きすぎるかもしれません。ストレッチゾーンを越えて、パニックゾーンに足を踏み入れてしまいました。少し現実に引き戻し、地に足のついたビジョンも考えてみましょう。

　大切なのは食習慣ですから、まずは健康食として豆腐を習慣的に食べてもらう風景を描いてみましょう。夕食のメインディッシュを考えるときに肉か魚かではなく「肉か魚か、お豆腐か」と毎日想起される存在になれたら、と考えたらどうでしょう。それなら**「メインディッシュに豆腐、を当たり前に」**とまとめられそうです。

　新たに考えたミッションとビジョンをコンセプトとつなげると、3行ストーリーは次のようになります。

・そもそも、石田豆腐店は
「地域の伝統食を、日本の健康食にする」ブランドとして生まれ変わる。
・いつか、**「メインディッシュに豆腐、を当たり前に」**するのがビジョンだ。
・そのためにいま、**「カラダを強くするおいしい習慣」**をつくる。

もちろん、これだけが正解というわけではありません。様々な組み合わせの3行ストーリーがつくれるはずです。繰り返しになりますが、このミニワークでは、3要素をひとつのストーリーとして成立させられているかを確認してください。違和感なく他人に話せるように組み立てられていれば合格点でしょう。

インサイト型と
ビジョン型を統合する

　第3章と第4章にまたがってコンセプトのストーリー設計を扱ってきました。便宜上、インサイト型とビジョン型で分けて説明してきましたが、本来は「どちらか」ではなく「どちらも」考えるべきものです。2つのフレームワークを統合したのが、図4-10で示した**コンセプト・ピラミッド**です。

図4-10.

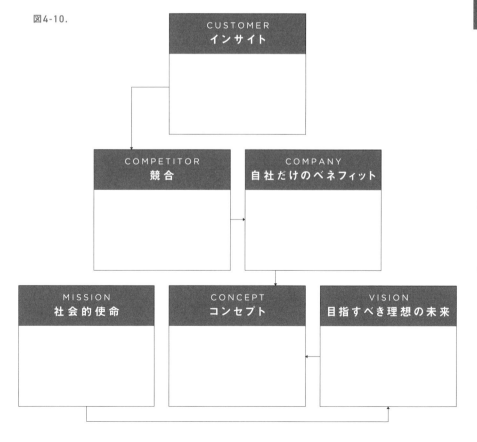

インサイトを起点にした縦の流れがピラミッドの最下部に至ると、ミッションとビジョンが表現する横方向の時間の流れと合流します。その交点にコンセプトがあるのです。つまり**コンセプトは顧客のインサイトに応えるものとして、そして組織やチームのビジョンを叶える一歩目として、2つの目的のために設計される**ものだということを示しています。

6つの空欄のうち、どこから考え始めても構いません。石田豆腐店の例のようにインサイト型のストーリーでコンセプトをつくりつつ、そこからビジョンまで広げることもあれば、ビジョン型で考えてから顧客のインサイトを検証することもあるでしょう。自社だけの強みや、競合との差別化からストーリーを始めることも多々あります。

最後に、エアビーアンドビーの事例を通してピラミッドの構造を確認します。まずはインサイト型のストーリーを追っていきましょう。

━ インサイト型ストーリー
旅慣れた人々の新しい体験として

CUSTOMER：旅慣れた若い世代には**「初めての街でも、よそ者扱いされたくない」**というインサイトがありました。現地の文化に触れる深い体験ほど、忘れられないものになることを経験的に知っているのです。一般的な旅行体験では物足りません。

COMPETITOR：余計なストレスを感じることなく宿泊したいと考えるビジネスパーソンや、海外が不安な旅行者には、便利な商業地域にあり、ホスピタリティに溢れた高級ホテルこそが最良の体験になるでしょう。しかし地域固有の文化に浸りたい人にとっては体験が**「リアルから切り離されている」**と感じられることもありました。2012年から2021年までマリオットインターナショナルのCEOを務めていた

図4-11. エアビーアンドビーのコンセプト・ピラミッド

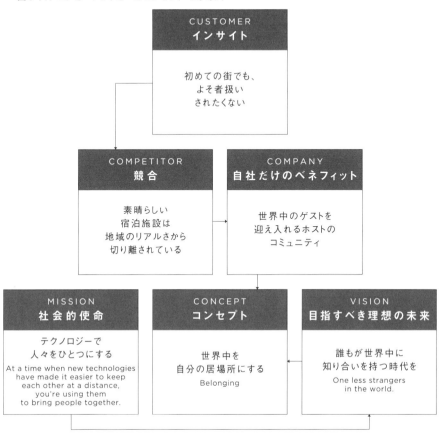

アーネ・ソレンセンは「エジプトのカイロで目覚めたら、カイロにいる実感が欲しい。アメリカの田舎の部屋で目覚めたくないからね」とエアビーアンドビーの価値を認める発言をしています。

COMPANY：だからこそエアビーアンドビーは**「世界中のゲストを迎え入れるホストのコミュニティ」**の育成をなにより重要視しています。物理的な家（ハウス）ではなく、人と人との感情的なつながり（ホーム）は、価値の源泉です。もちろん、直接的にはホストと触れ合わないことも多いでしょう。それでもホストが準備してくれた家に暮

らし、普通なら歩かない現地の通りをホストの目線で歩き、ホストと同じ日常の体験をするとき、ゲストは否が応でもホストとの精神的なつながりを感じるものです。

CONCEPT：「世界中を自分の居場所にする」というコンセプトは、画一的な旅では満足できない、より本物の文化体験を求める旅行者への提案として捉えることができます。まとめると以下のようなインサイト型ストーリーができ上がります。

エアビーアンドビー ｜ インサイト型ストーリー

1 「初めての街でも、よそ者扱いされたくない」と画一的な旅を嫌う旅人たちがいました。これまでの宿泊体験は便利な反面、「リアルから切り離されている」と感じられていたのです。

2 そこで私たちは「世界中のゲストを迎え入れるホストのコミュニティ」をつくりました。現地の人に出会い、溶け込み、現地の本当の暮らしや文化を味わうことができます。

3 「世界中を自分の居場所にする」。それは私たちから旅慣れたあなたへの提案です。

ビジョン型ストーリー
世界に新しいつながりを

次にミッションとビジョンから成る、未来目線のストーリーを考えていきます。

MISSION：インターネットが登場し、ソーシャルメディアが世界中に広まったいま。人はつながるどころか、かえって分断されてい

る、とエアビーアンドビーは考えています。フォロワーがどれだけ増えても、オンライン上の友だちが何万人いても、人は孤独を感じるもの。本当に必要なのはコミュニティなのではないか。そんな信念に基づいてエアビーアンドビーは**「テクノロジーで人々をひとつにする」**というミッションを掲げています。

VISION：創業者のブライアン・チェスキーは、2015年に#OneLessStrangerというキャンペーンを行いました。直訳すれば、世界からひとりずつ「知らない人」を減らしていこうという意味です。ここに彼のビジョンを垣間見ることができます。エアビーアンドビーは宿泊サービスを超えて、人と人とをつなぎ**「誰もが世界中に知り合いを持つ」**時代をつくろうとしているのです。実際に会ったことのある人があらゆる都市にいれば世界は小さく感じられるでしょうし、争いごとも起きにくくなるでしょう。オンラインだけでつながるSNSなどでは決して実現できない未来ですよね。

　ミッションとビジョンをつなげると**「世界中を自分の居場所にする」**というコンセプトに込められた、旅の体験を超える大きな意味が読み解けるのではないでしょうか。まとめると以下のようなビジョン型ストーリーができ上がります。

エアビーアンドビー ｜ ビジョン型ストーリー

1　分断が進む時代にエアビーアンドビーは**「テクノロジーで人々をひとつにする」**ために存在しています。人と人とのリアルなつながりこそが、人の孤独を慰められると信じています。

2　目指すことを具体的にすれば、それは**「誰もが世界中に知り合いを持つ」**時代です。実現すれば世界はいよいよ小さく感じられることでしょう。争いだって起こすのが面倒になります。

3 そのために私たちは**「世界中を自分の居場所にする」**仕組みを広めているのです。現地の人に出会い、溶け込み、現地の本当の暮らしや文化を味わってください。

　同じコンセプトですが、インサイト型では「解決策」として、ビジョン型では大きな目的を叶える「最初の一歩」として位置づけられました。緻密に設計されたコンセプトは、このように2つの側面で語ることができるのです。

　ここまでを理解していればストーリー設計の基本は十分に身についているはずです。第5章ではコンセプトのキーフレーズ化について解説していきましょう。

☑ ビジョン型のストーリーとは 過去と未来を結ぶ物語形式である

- 「そもそも」の使命を語り、「いつか」の未来を示し、 「そのためにいま」やるべきことをコンセプトとして位置づける。
- 例）桃太郎と大統領の物語
- 例）スペースXのロケットを打ち上げたストーリー

☑ ミッションは組織が担い続ける「社会的使命」

- 本当につくってきたものはなにか？と普遍的価値を問う。
- 企業の根本に関わる独自の言葉はあるか？と固有性を問う。
- 例）感動創造企業 ヤマハ発動機

☑ ビジョンは目指すべき「理想の未来」

- 理想の未来を「見える言葉」で記述する。
- ビジョンを書くポイントは2つ。 ①解像度を上げる ②安全地帯（コンフォートゾーン）を越える
- 例）人々を複数の惑星で暮らせるようにするスペースX

☑ インサイト型とビジョン型の統合

- 全体を6マスのピラミッドで表現する。
- どこから考え始めてもいい。
- ビジョンから入ってもインサイトを忘れずに考える。逆もまた然り。

第 5 章

コンセプトを
「1行化」する
^{キーフレーズ化}

第 5 章

コンセプトを
「1行化」する[キーフレーズ化]

本章では、コンセプトを1行化 ＝ キーフレーズ化する過程を学びます。新しい意味を端的に伝える1行にするためには、第3章や第4章で学んだような「物語を膨らませて組み立てる」作業とは真逆とも言える**「削ぎ落として磨き上げる」**発想が欠かせません。

　夏目漱石の『夢十夜』という小説に、東大寺南大門金剛力士像で知られる仏師、運慶が登場します。以下に引用するのは、主人公が夢の中で運慶の仕事を見学する場面です。

　「よくああ無造作に鑿（ノミ）を使って、思うような眉や鼻ができるものだな」と自分はあんまり感心したから独り言のように言った。するとさっきの若い男が、「なに、あれは眉や鼻を鑿で作るんじゃない。あの通りの眉や鼻が木の中に埋っているのを、鑿と槌の力で掘り出すまでだ。まるで土の中から石を掘り出すようなものだからけっして間違うはずはない」と云った。

　天才仏師と比べるのは厚かましいのですが、キーフレーズをつくる作業もこれと似ています。曖昧な構想から余計なものを削ぎ落とし、最終的に言いたかったことを発見する。それは彫刻のように情報から本質的な意味を削り出していく行為なのです。

　本章では「1行化」を3つの手順に分解して説明していきます。最初に言いたいことを**「整理」**し、次に余計な情報を**「削ぎ落とし」**、最後に**「磨き上げ」**ていく。これはあくまで学ぶための手順だと捉えてもらえれば結構です。決められた手順を追うよりも直感的に書くほうが上手くいく、という人もいるでしょう。本書でスタンダードを身につけたら、その後はひとりひとりに合う書き方を見つけてください。

5-1

1行化の手順

■ STEP1　意味を整理する ― 3点整理法

　まずはキーフレーズで伝える内容を整理します。あらゆるコンセプトは究極的には「AがBするためにCの役割を担う」という文章構造で表現することが可能です。「顧客」と「目的」と「役割」の3点で意味を整理するので3点整理法と呼びます。図5-1をご覧ください。

図5-1.

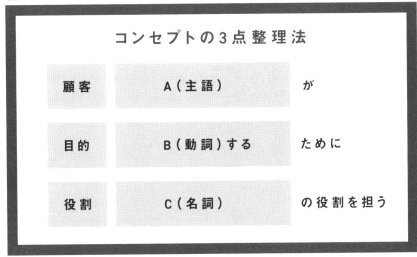

コンセプトの3点整理法

顧客	A（主語）	が
目的	B（動詞）する	ために
役割	C（名詞）	の役割を担う

　まず「A」にはターゲットとなる顧客を「主語」として記述します。第1章で解説したように、コンセプトは常に顧客目線で書かれな

第5章　コンセプトを「1行化」する

くてはなりません。コンセプトの主語を生活者とすることで、それを自然と達成できるようにします。

　目的「B」には必ず「動詞」が含まれる文章を記述します。Aに書いた顧客が、新たにできるようになることはなんでしょうか。これまでになかった行動を記入しましょう。

　役割「C」は商品やサービスなどブランドが提供するものが果たす役割を「名詞」で書き入れます。生活者の新しい行動のために、どのような貢献ができるのかを明確にする言葉を考えましょう。

　再三取り上げてきたスターバックスやキンドルのコンセプトは、3点整理法を使って以下のように記述することができます。

例1）スターバックス
　顧客　「都市生活に疲れた人たち」が
　目的　「街中でくつろぐ」ために
　役割　「職場と家のあいだにある憩いの場所」の役割を担う

例2）キンドル
　顧客　「世界中の誰も」が
　目的　「あらゆる書籍を60秒以内に手に入れる」ために
　役割　「書店 兼 電子書籍リーダー」の役割を担う

　上記の事例はすでにコンセプトの最終形を紹介していますから、いまの状態だとまどろっこしく感じられるかもしれません。この「まどろっこしさ」をなくしていくのが本章の目的。次の2つのコンセプトは、まだ本書で触れていませんが、世間ではよく知られている商品の事例です。皆さんなら、ここからどのように1行をつくるでしょうか。

例3）未来のコンピューター

　カリフォルニア州パロアルトにあるゼロックスの研究所に勤めていたアラン・ケイは、1972年に書いた論文でコンピューターの未来を変えてしまいました。当時のコンピューターといえば、部屋を埋め尽くすほどの巨大な機械。運用するだけでも莫大な予算と人員が必要だったのです。科学者もエンジニアも、大きくなることこそがコンピューターの進化だと信じて疑いませんでした。

　そんな時代の常識に反して、アラン・ケイはコンピューターを小さくして、ひとり1台使うものにするという未来を提唱しました。デザインは現在のタブレット端末のような1枚の板状で、価格は1000ドル以下という比較的安価な設定。アラン・ケイはこの商品を、子どもたちが「映像やゲームを楽しみながら読み書きを学ぶ」ためのものだと説明しました。大人のための巨大なビジネスツールから、子どもが使う創造的学習ツールへ。コンピューターを再定義した彼の論文は、コンセプトという視点から以下のように整理することができます。

　　顧客　「子どもたち」が
　　目的　「楽しみながら読み書きを学ぶ」ために
　　役割　「ひとりにひとつのコンピューター」の役割を担う

例4）ロングセラーになった新型オーブン

　2004年に発売された新型オーブンは、成熟していた家庭用オーブンというカテゴリーに風穴を開けた商品です。特徴は「加熱した水蒸気を使って調理する」という点にありました。簡単に言い換えるならば「水で焼く」技術だと言えるでしょう。しかしながら業務用のオーブンでは以前から用いられていた方式で、必ずしも革新的な技術だったわけではありません。新しかったのはむしろ「調理しながら油と塩を減らすことができる」という健康メリットに目をつけたことです。発売から20年以上も人気が続くシリーズのコンセプトは以下のように記述できます。

顧客 「生活習慣病を気にする人たち」が
目的 「油と塩を減らし健康的に調理する」ために
役割 「水で焼くオーブン」の役割を担う

　このステップの目的は、表現するべき新しい意味を確実に捉えることです。多少は長くなっても構いません。その分、細かなニュアンスも含めてきちんと伝わるように記述してください。

STEP2
情報を削ぎ落とす ― 目的か役割か

　次にやるべきことはコンセプトの中核を見出すことです。後述するようにコンセプトのキーフレーズは、基本的には**目的型**か**役割型**かに分けることができます。

　3点整理法の2行目と3行目、どちらに「新しい意味」の核心があるでしょうか。P172〜P174にある3点整理法で書かれた4つの文章を読み返し、「目的」と「役割」のうち、より重要と思われるほうを選んでください。新しい意味を伝えられるのはどちらか？ 或いは、1行だけで誤解なく伝わるのはどちらか？ を考えてみるといいでしょう。

　では解説していきます。

　まずスターバックスのケースです。「街中でくつろぐ」という目的を選ぶか「職場と家のあいだにある憩いの場所」という役割を選ぶのか。「街中でくつろぐ」の1行だけだと、テイクアウトや缶コーヒーでも成立するようにも受け止められます。規定する力が弱い。やはりスターバックスの場合は「空間」を創出するという点に大きな意味があるのでしょう。したがって「役割」のほうがより重要だと判断できそうです。

顧客　「都市生活に疲れた人たち」が

目的　「街中でくつろぐ」ために

役割　「職場と家のあいだにある憩いの場所」の役割を担う

　次にキンドルの事例です。「書店 兼 電子書籍リーダー」という役割は一般的な内容と言ってよく、他社製品と比べて大きく差別化できる点ではありません。一方の目的はどうでしょう。「あらゆる書籍を手に入れる」と言い切れたのは、発売当時、アマゾンをおいて他にありませんでした。新しい意味の中核は「あらゆる書籍を60秒以内に手に入れる」という目的にあると判断できそうです。

顧客　「世界中の誰も」が

目的　「あらゆる書籍を60秒以内に手に入れる」ために

役割　「書店 兼 電子書籍リーダー」の役割を担う

　未来型コンピューターの事例は、分かりやすかったのではないでしょうか。いちばんの提案性は「ひとりにひとつのコンピューター」という役割にあります。巨大なメインフレームの時代に真逆の方向性を示したことに価値がありますね。一方で「楽しみながら読み書きを学ぶ」ことは他の教材でも可能でしょう。

顧客　「子どもたち」が

目的　「楽しみながら読み書きを学ぶ」ために

役割　「ひとりにひとつのコンピューター」の役割を担う

　最後に、新型オーブンです。「水で焼くオーブン」という技術自体が新しかったわけではないと先に説明しました。また生活者の立場から考えても「水で焼く」ことはニュース性はあるものの、それ自体がお金を支払う理由にはなりえません。新しい意味は「油と塩を減らし健康的に調理する」という部分にあると判断できるのです。

顧客　「生活習慣病を気にする人たち」が
目的　**「油と塩を減らし健康的に調理する」**ために
役割　「水で焼くオーブン」の役割を担う

■ STEP3
言葉を磨き上げる ── 2単語ルール

　最後に1行を磨き上げる工程です。かつて米国で仕事をしていた頃、**良いコンセプトにするならば英単語2つ以内で記述することを目指せ**とよく助言されました。

　実際、2単語の原則は本書で取り上げてきた多くの例にも当てはまります。ソニーの「ポケットに入るラジオ」は、Pocketable Radioという2単語。スターバックスのThird Placeも、エバーレーンのRadical Transparencyも2単語。エアビーアンドビーのBelong Anywhereも2単語ですし、Belongingと1単語で表記されることさえあります。

　なぜ2単語を目指すのでしょうか。最も根本的な理由は、人が1度に認識できるのはせいぜい2つの概念だということです。例えば「ポケットに入る完全防水ラジオ」、「ラテが自慢の第3の場所」、「徹底的な透明性と圧倒的な機能性」とすると、焦点がぼやけて分かりづらく感じませんか？　3つ目の概念を加えるだけで、急激にコンセプトの精度が落ちてしまうのです。

　あらゆるイノベーションは既存の概念の組み合わせだと言われます。どれほど新しく感じられる技術や発想も、結局は2つの要素の掛け算として捉えることができる。言語表現の問題に置き換えれば、よく知られた2つの単語を組み合わせることで、大体の新しいものは表現できるということなのです。

もちろん英語圏と全く同じルールを日本語に適用し、コンセプトのすべてを日本語の「2単語」で表現するのは無理があるでしょう。「てにをは」によって細かくニュアンスを調整できる日本語の良さを犠牲にするのももったいないことです。それでも構成要素としては大きく「2つの概念の組み合わせ」を目指しましょう。

　STEP2で絞り込んだスターバックスの「職場と家のあいだにある憩いの場所」という文章には「職場」「家」「憩いの場」という3つの概念が登場しますね。やはりキーフレーズとしての切れ味はありません。覚えにくく使いづらい。「第3の場所」（サード・プレイス）は、本来3つの概念でしか説明できないものを、2つの概念で表現できるようにした工夫だと解釈できるのです。

「職場と家のあいだにある憩いの場所」
　　↓
サード・プレイス ／ 第3の場所

　キンドルの「あらゆる書籍を60秒以内に手に入れる」は、これでほぼ完成形のコンセプトです。補足的な言葉も加わっていますが、「書籍」と「60秒」という2つの概念の組み合わせでできています。だからこそ歯切れのいいキーワードではないにもかかわらず、すんなりと理解し、イメージできるようになっているのです。

　では新型コンピューターの「ひとりにひとつのコンピューター」は、どのように改善できるでしょう。「ひとりにひとつ」を1単語で表現できるのが理想的ですよね。英語にはちょうど良い言葉があります。それが、「パーソナル」という言葉です。**「パーソナル・コンピューター」**は、いまでこそひとつの商品カテゴリーを示すものですが、当時は画期的なコンセプトでした。コンピューターの巨大化が称賛されていた当時ではありえなかった、意外な言葉の組み合わせはP203で解説する矛盾法のお手本で、強烈なインパクトを同時代の人々に与え

たのです。

「ひとりにひとつのコンピューター」
　　　↓
パーソナル・コンピューター

　最後に新型オーブンです。「油と塩を減らし健康的に調理する」を
どのように筋肉質にできるでしょうか。これも2単語ルールで考えれ
ば「健康」と「調理」が骨組みになりそうです。そのままひとつの単
語にすれば**「健康調理」**。この言葉をコンセプトに生まれたのがシャー
プのロングセラー商品、ヘルシオです。ヘルシオのネーミングもコン
セプトどおり「**ヘルシー**な**オーブン**」からできています。同時に「塩
を減らす」ことを伝えるダブルミーニングにもなっていますね。たっ
た4文字で、生活者に新しい「動詞」を提案する鮮やかなコンセプト
です。

「油と塩を減らし健康的に調理する」
　　　↓
健康調理 ／ ヘルシオ

■ キーフレーズの3類型

　以上、意味を整理し、余計な情報を削ぎ落とし、磨き上げるという
3つのステップで1行化を解説してきました。こうして生まれたキーフ
レーズは、言葉の成り立ちから3つの型に分けることができます。

　ひとつは3点整理法における目的に注目した**目的型**です。目的型に
は「1000曲をポケットに」や「健康調理」や「世界中を自分の居場
所にする」などが当てはまります。主に**生活者の新しい行動を記述**し
た言葉になります。

一方、役割にフォーカスするのが**役割型**です。「第3の場所」や「パーソナル・コンピューター」が該当します。目的型が行動の意味の新しさを捉えるのに対し、こちらはものやサービス自体の持つ役割の新しさに光を当てます。基本的に**企業やブランドの役割を示す名詞で表現**します。

　一般的にはキーフレーズは1行に絞るのが理想ですが、企業文化やコンセプトを使う文脈によっては、ある程度、説明を果たすことが求められる場合もあります。その場合は目的と役割をセットで使用する**連結型**にして運用しましょう。

図5-2.

　例えば「パーソナル・コンピューター」も、全人類ではなく医師を念頭に開発するならば**「カルテの全記録を持ち歩ける　パーソナル・コンピューター」**と文脈を補うほうが意味が明確になるでしょう。ヘルシオの場合も、管理栄養士や医療関係者を巻き込む際は**「油と塩を**

減らす 健康調理」のように健康の意味合いを補うほうが話が早いでしょうし、エンジニアを中心とした場では**「水で焼く 健康調理」**と技術の言葉を補足する必要があるかもしれません。

　もうひとつ、連結型がどうしても必要になるのは、新しいカテゴリーの創出を目的とする場合です。既存の市場にはない新しい領域をつくろうとするとき、それは「全く新しい目的を持つ、全く新しいもの」として構想されることになります。つまり、目的と役割がセットでないと意味が伝え切れなくなる恐れがあるのです。

　2018年、配車アプリやフードデリバリーで知られるウーバー・テクノロジーズ社が、空を飛ぶクルマを使った新規事業「エレベート」の計画を発表しました。会場に集まった学者やジャーナリスト、起業家や投資家、ベンチャーキャピタルのキーパーソンたちからの共感を呼んだのは**「渋滞をなくす 空のライドシェア」**というコンセプトでした。これを3点整理法で書き直してみましょう。

　顧客　「都市の住民」を
　目的　「渋滞から解放する」ために
　役割　「空のライドシェア」の役割を担う

　これを役割に絞り「空のライドシェア」としても、目的に絞り「渋滞から解放する」としても、なにかが足りない印象になるのではないでしょうか。「空のライドシェア」だけではなんのために空を飛ぶのか分かりません。無邪気な子どもの夢に聞こえます。「渋滞から解放する」だけでは空を飛ぶというインパクトが失われます。**必要性と新規性。この２つを捉えることが新カテゴリーコンセプトには欠かせません。**

　ちなみに、ウーバーは一時的に本業が業績不振に陥ったことなどから、空の交通システム事業をすでに他社に売却しています。それでも

空飛ぶクルマという空想の産物を、「渋滞をなくす」という社会的意義のあるビジネスコンセプトに落とし込んだ役割は非常に大きかったと言えるでしょう。

　このような「目的＋役割」でコンセプトを記述する連結型は、余すことなく構想を伝え切ることができます。しかし反面、キーフレーズとしての切れ味（皆が覚えて使えるものになる流通性）が鈍くなることには留意してください。

1 行 化 の 実 践

　1行化の手順に沿って、手を動かすミニワークに挑戦してみましょう。まずは架空の企業を題材にした課題文に目を通してください。

■ 課題：宿・ホテル予約サイト 「トレールジャパン」

　トレールジャパンは、国内で3〜4番手を争う宿やホテルの予約サイトです。日本全国の宿泊施設をカバーしています。これまでは、サイトの使いやすさや写真の見やすさなどにこだわって差別化し、ユーザーを集めてきました。しかしネットでの旅予約が当たり前になり、競争が激化したことで、あっという間にサイトの体験品質で他社に追いつかれてしまったのです。いまや、争点は物件数と価格のみ。体力勝負に追い込まれれば大手資本が有利であることは言うまでもありません。

　この状況を打開すべく、トレールジャパン社内では有志が集ってチームを結成し、自社サービスのコンセプトを見直す議論を始めました。チームは自分たちがユーザーの利便性ばかりを追求した結果、トレールジャパンの存在理由を見失っていたことに気づきます。そこで改めて**「日本の地方を盛り上げる予約サイトになる」**という大きな方針を決定しました。人気の目的地やメジャーな宿泊施設の紹介は大手に任せて、自分たちはまだ知られていない日本を発掘しようというのです。

都市部で暮らす人々に、1度訪れて終わりではなく、**何度も通いたいと思えるような居場所を見つけて欲しい**。そのためにトレールジャパンは、マイナーな地域に自ら足を運び、現地で魅力を見つけ、情報を発信しながら新たな宿泊プランをつくっていくことに決めました。

　チームが3点整理法で表現した以下のコンセプトを読み、続く2つの問いに答えてください。

　主語　都心に住む人が
　目的　何度も通いたいと思える魅力的な地域と出会える
　役割　旅の情報発信と予約のプラットフォーム

問い①　キーフレーズとして絞り込むならば「目的」でしょうか。「役割」でしょうか。
　　　　　どちらかを選んでください。

問い②　①で選んだ1行をキーフレーズに仕上げてください。
　　　　　そのとき、2つの概念に収まるように工夫し、できる限り端的な言い回しを心がけてみましょう。

■ 解 説

問い①の考え方
「何度も通いたいと思える魅力的な地域と出会える」という目的と「旅の情報発信と予約のプラットフォーム」という役割。どちらが「新しい意味」をより深く捉えているでしょうか。

　課題文を読み返すと、トレールジャパンのチームは「地方を盛り上げる予約サイトになる」という方針から「まだ知られていない地域を

発掘する」ことにしたと書かれています。チームによる新コンセプトは「魅力的な地域と出会う」という目的に主眼が置かれていると読み解くのが自然です。

　　顧客　都心に住む人が
　　目的　何度も通いたいと思える魅力的な地域と出会える
　　役割　旅の情報発信と予約のプラットフォーム

問い②の考え方

　続いて「何度も通いたいと思える魅力的な地域と出会える」という言葉を磨き上げていきます。現状の文章には大きく分けて3つの概念が含まれています。「何度も通いたい」と「魅力的な地域」と「出会う」です。これを2つの概念で表現することを目指していきましょう。

　まず、「何度も通いたい」と「魅力的」は、ほぼ同じことを意味しているようです。ひとつの概念にまとめてしまいましょう。すると以下のようになります。

　　・何度も通いたい地域に出会える。

　これだけでずいぶん、スッキリしましたね。さらにキーフレーズを磨き上げるために「何度も通いたい地域」の言い換えを試してみます。「何度も通う」という様子を想像してください。何度もひとつの地域に通えば、馴染みの人や贔屓のお店も増えるでしょう。あなたは常連扱いされるかもしれない。すると「いらっしゃい」が「おかえり」に変わる瞬間があるはずです。「通いたい」まちとは、「帰りたい」まちかもしれない。そう考えるならば、キーフレーズは以下のように言い換えられますね。

　　・帰りたい地域に出会える。
　　・帰りたいまち、に出会える。

「通う」を「帰る」に置き換えるだけで人と地域の情緒的なつながりを感じられるようになりました。

さらに考えを深めていきます。「帰りたいまち」を別の言い方にできないでしょうか。帰りたいまちとは、「ふるさと」のことかもしれません。英単語2つで表現するなら2nd Hometown。情報が削ぎ落とされて明確になってきました。

・もうひとつの故郷に出会う。
・もうひとつの故郷をつくる。
・ただいまを、もうひとつ。
・セカンド・ホームタウン

都市人口が増える日本では「田舎の故郷」は、憧れになりつつあります。もしも日本のどこかに、帰る場所があったなら。旅行のように誰かに気を使うこともなく、勝手知った場所でゆっくり休んで自分を取り戻す。そんな新しい故郷に出会えるサイトには、宿のお得なプランを探す以上の意味があるはずです。

「もうひとつの故郷に出会う」 くらいシンプルなコンセプトになれば、皆が覚えて使えるものになります。ただし企業の文化や関わる人の性質によっては、または文書だけで伝えるなどの条件によっては、もう少し説明が必要な場合もあるでしょう。そのときは **「もうひとつの故郷に出会う 旅のプラットフォーム」** や **「もうひとつの故郷に出会う 日本発見プラットフォーム」** のように、連結型のキーフレーズにしていただいても構いません。

■ 言葉選びのセンスは磨けるか

コンセプトメイキングも1行化の仕上げ段階に入ると、多少はセン

スが求められるようになってきます。しかしながら、このセンスは決して先天的な素養を必要とするものではなく、経験と工夫でいくらでも伸ばすことができます。

よく「どのように語彙力を広げればいいのですか?」と聞かれます。確かに語彙力はあるに越したことはないのですが、実際は必ずしもコンセプトの質向上にはつながりません。

例えば、「ビール」の新商品コンセプトを考えるとします。ビールといえば「喉越し」「コク」「麦芽」「ホップ」「泡」「うまい」という言葉が想起されるでしょう。検索エンジンの予測変換のように、ビールに紐づいて想起される言葉にはある一定の範囲があります。しかしながら、新しい市場をつくるための新しい知覚を伴う言葉は、通常の連想範囲を逸脱していなければなりません。重要なのは、**どれだけ言葉を知っているか、よりも、どれだけ言葉の先入観を捨てられるか、どれだけハミ出た言葉を選べるか**なのです。

1987年に発売されたアサヒスーパードライの商品コンセプトは**「辛口」**。この言葉は日本酒の味言葉で、それまでビールで使われたことはありませんでした。外から持ち込まれた概念である「辛口」こそが、スーパードライ独自の知覚品質(飲んだ瞬間に強いフレーバーを感じ、その後にスッと消えていく)をつくりあげたのです。ビールの狭い連想世界の中からは決して出てこなかった言葉だったでしょう。

辛口は決して、難しい言葉ではありません。お酒を飲む人なら誰もが知っています。けれどもビールというお題で辛口という言葉にたどり着くためには、知っているだけでは不十分。言葉選びにセンスがあるとしたら、その正体とは検索エンジンの予測変換ではたどり着かない**「予測外変換」**を起こす力のことです。私たちはどのように、この能力を獲得することができるでしょうか。

① 連想法 - 連想をつなげて新しい知覚をつくる

　予測外変換を見つけるオーソドックスな方法は、連想を無限に広げていく手法です。大きめの白紙を用意し、中央にお題を書きます。そこから枝分かれするように連想される言葉を広げていくのです。「マインドマップ」とも呼ばれ、様々なやり方が提唱されていますが、シンプルに連想を遠くへ広げていくだけでも十分に役に立ちます。

　例えば、高校生にスマホを売るというお題を考えてみましょう。まずは紙の中央に「高校生とスマホ」と書き、あとは連想ゲームの要領で言葉をつないでいくのです。最初に「カメラ」と頭に浮かんだら「写真」「自撮り」「思い出」などと芋づる式に言葉が出てくるでしょう。大切なのは、自由に連想を広げ、最初のお題である「スマホ」のことは1度忘れることです。お題から近いところだけで考えていても予測変換の外側にはたどり着けません。

　「思い出」からさらに連想を続けていけば「学園祭」「友情」「絆」「3年間」「卒アル」といった言葉が自然に出てくるはずです。ここまで来るだけでも「カメラ」からたくさんの連想が得られました。ここで起点となっていた「スマホ」と終点の「卒アル」に注目し、**「3年後、あなたのスマホは卒アルになる」**と言葉にしたらどうでしょう。スマホのカメラロールに3年分の思い出がたまっていく様子が思い浮かび、新鮮な提案に感じられるのではないでしょうか。「スマホ」と「カメラ」や、「カメラ」と「卒アル」はそれぞれ常識的に連想がつながりますが、一般的に「スマホ」と「卒アル」は直接リンクするものではありません。そこには、ごくわずかですが**連想の飛躍**がある。だからこそスマホに対する新しい知覚が生まれるのです。

　多くのコピーライターはコピーを書く際、こうした連想を繰り返しています。かつてトンボ鉛筆の広告で使われていた**「ロケットだって、文房具から生まれた。」**というキャッチコピーがあります。「文房具は想像力を広げる道具だ」と言われれば当たり前に感じますよね。

けれど、同じ意味内容でも「文房具」が「ロケット」と結びついた瞬間に、あたかも何か新しい事実に気がついたような感覚がもたらされます。これも言葉と言葉のあいだにある連想の飛躍を活用したものです。

文房具とロケット。スマホと卒アル。ビールと辛口。離れた連想をつなげて、新しい知覚を生み出しましょう。

② 偶然法 - 言葉との偶然の出会いを活用する

お題に近いところから徐々に外側に広げていく連想法に対し、最初から通常の連想の範囲を飛び越え「外側の言葉」から発想するのが偶然法です。

具体的な手法として最も一般的なのは、雑誌を使った方法です。まず、考えるお題とは全く関係ない雑誌を選びます。自動車がお題ならファッション誌。ビューティがお題ならスポーツ誌といった具合にズラすのがポイントです。

例えばスポーツ誌に出てくる「ウォームアップ」「デュエル」(サッカーで1対1の競り合いを意味する言葉)「内側から鍛えあげる」といった言葉を使って、美容・化粧品のコンセプトを考えられないでしょうか。「美のウォームアップ」、「デュエルに強いメイクアップ」(接近戦に強い)、「肌を内側から鍛える」などと異なる業界の言葉を組み合わせるだけで、新しい意味のゆらぎを生み出すことができます。

雑誌ではなく書籍を使うやり方もあります。文庫本をノートの代わりにし、開いたページの言葉を強制的に使ってコンセプトやコピーを書き込んでいくのです。個人的には書店や図書館を歩き回る方法をお勧めします。あれだけ多様な言葉が、人に伝わるべく練られた形式で、かつカテゴリーごとに整然と並んでいる空間はありません。歩き回りながら、飛び込んでくる言葉を次々と使ってコンセプトをつくっ

ていくと、思わぬ言葉が生まれることがあります。

　いずれの場合にもポイントは強制的に言葉との「偶然の出会い」を生み出すこと。そして、離れた世界の言葉を腕力でお題に引き寄せること。言葉に溢れた空間に身を置いて考えてみましょう。

③ 類語法 - 単語を置き換えて最適解を探す

　1度キーフレーズを書いたら、使った単語の類語を探していきます。先ほどのミニワーク「トレールジャパン」の解説では、「何度も通いたいまち」という言葉に注目しましたね。ここで改めて「通いたい」の類語を考えるならば、以下のような言葉を置換候補としてリストアップできます。

　「住みたい」「住民になりたい」「常連になりたい」「馴染みになりたい」「行き来したい」「帰りたい」「戻りたい」「懇意になりたい」「通勤したい」「通学したい」「しょっちゅう顔出したい」

　この中では「住みたいまち」も予測外変換で面白いのですが、旅行サイトという本来の目的からすると飛躍しすぎかもしれません。むしろ住宅サイトのようですね。また「戻りたいまち」も意味は近いのですが、逆に「戻れない」状況が想起され、現在の生活がなにかに束縛されているのではないか？　というネガティブな印象になりそうです。やはり「帰りたいまち」という言葉が最もしっくりきます。と、このような思考を巡らせて最終的な言い回しを決定していくのです。

　類語があまり思いつかないという方には心強いツールがあります。皆さんは類語辞典（シソーラス）を使ったことがあるでしょうか？　類語辞典は、ひとつの言葉に対して類似した意味を表現できる言葉が並んでいる辞典で、作家やエッセイストや学者など書くことを職業にする人が、適切な言い換え・言い回しを探すために使っています。代表的なものに『日本語シソーラス 類語検索辞典』（大修館書店）がありま

す。かなりボリュームがあるので置き場に困るという人は、まず小型の類語辞典『新明解類語辞典』（三省堂）や『類語国語辞典』（角川書店）などから始めても良いでしょう。

　試しに類語国語辞典で「ブランド」という言葉を引いてみます。するとブランドは「記号」という項目の中にあり、「矢印」「目標」「目覚え」「標識」「標章」「商標」「トレードマーク」「シンボル」「指標」という言葉に挟まれています。少し離れた先には「音符」「家紋」「紋章」「象形文字」といった言葉が広がっていきます。ブランドを「標識」と捉えるか「家紋」と捉えるか、それとも「象形文字」に近いものとして理解するか。言葉の体系の中で考えると、それだけで思考が広がっていくのです。

　ひとつ言葉を放つと、磁石に吸い寄せられるかのように近しい意味の言葉が手繰り寄せられる。この感覚は使ってみないと分かりません。是非1度図書館などでお試しください。

　連想を広げ、偶然の力を使い、最後は類語で粘る。最初は意図的な努力が必要かもしれませんが、慣れれば自然と使いこなせるようになります。そう、センスは身につけられるのです。

1行化に役立つ
10の構文

　ここでは「言葉づくり」に役立つ10の基本構文を紹介します。どれもコンセプトをつくる上では王道と言える手法ですから、使いこなせるようにしましょう。難しく考える必要はありません。言葉遊びを楽しむように構文に当てはめてコンセプトをつくってみてください。

■ コンセプト構文 ①　変革話法

　大きな変化を伴うアイデアを提案するときには、変革話法をまずは試してみましょう。変革話法とは「AからBへ」または「AをBにする」という形式で変化の前後を記述する構文です。Aには現状を、Bには変化後の理想を書き入れます。AとB、変化の前後に距離感のある単語を選ぶことで、インパクトのあるコンセプトをつくることができます。

図5-3.

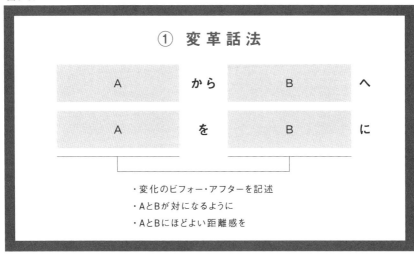

現状から理想へ　変化を伝えるコンセプト

　私が受け持つコンセプト研修の受講生にスーパーマーケットチェーンの運営会社で経営企画を担当されている男性がいました。顧客目線でコンセプトを書く、という課題で彼が提出してくれたのが「どこよりも地域密着型のスーパー」というコンセプトです。「地域密着」とはよく使われる言葉ですが、よく考えてみてください。市民は「密着」されて本当に嬉しいものなのでしょうか。地域密着とは、優しい顔をした押し売りである可能性もあるのです。

　そこで男性に「地域密着」という言葉に込めた想いを聞いたところ、以下のようなことを教えてくれました。彼が勤めているスーパーマーケットの店舗の多くは都市部から離れた郊外にあります。顧客の多くは自動車でやってきて、買い物を済ませるとすぐに帰っていく。ところが近年、住民同士が駐車場で立ち話をする光景をよく目にするようになったのだそうです。スーパーマーケットは、ものを売るだけの場所から、近隣の住民が気軽に集まれる場所に変わるべきなのではないか。それが「地域密着」という言葉を書くに至った発想の根源でした。

　男性は、スーパーマーケットが目指す「変化の方向性」をすでに掴みかけています。このような場合は、変革話法が上手く機能するケースが多い。そこで早速、構文に当てはめて再考してもらいました。そして後日、提案してくれたのが**「買いに行く店から、会いに行く店へ」**というコンセプトです。「地域密着型スーパー」と比べて、変化の方向性が具体的に理解できますよね。用がなくても、買うものはなくても、会いに行きたくなるスーパーへ。講義後、男性は社内でコンセプトを共有したと報告してくれました。議論は盛り上がり、まずはお客さん同士が一息ついて会話を楽しめる簡易的なカフェスペースを用意し、試食品などを提供するといった、お金をかけずにできるアイデアから実施することになったそうです。

「見える変化」は「つくれる変化」になる

　よく知られたコンセプトにも変革話法を使用したものがたくさんあります。例えばJR東日本が「エキュート（ecute）」事業を立ち上げたとき、プロジェクトチームが掲げたコンセプトは**「通過する駅から集う駅へ」**でした。誰もが足早に通り過ぎる駅の構内を、思わず足を止めてくつろぎたくなる場所にする。理想的変化を捉えたコンセプトが、いまや多くの駅で現実になっていることを皆さんもご存知でしょう。

　森ビルの防災コンセプトは、**「逃げ出す街から、逃げ込める街へ」**。地震があったときは建物から出て広いところへ移動するようにと教わる時代がありました。超高層建築を中心とした開発プロジェクトだった六本木ヒルズでは、むしろ人々が逃げ込む場所になるという野心的なコンセプトが掲げられたのです。耐震や免震構造、独自のエネルギープラント、大規模な備蓄、緊急用の井戸などが用意されており、近隣施設と合わせて約10000人の帰宅困難者を3日間受け入れることが可能になっています。

　デザイン性の高いアダルトグッズを手がけるテンガ（TENGA）には**「性を表通りに」**という事業コンセプトがあります。所有するのも使うのも後ろめたさのあるアダルトグッズを、堂々と使える時代にするという提案が極めて明快に表現されています。

　あなたがつくるのは、どのような変化でしょうか。現状や対象を示す（A）と理想（B）の2つを言語化し、「AからBへ」「AをBに」の構文に当てはめて記述してみましょう。

■■ コンセプト構文② 比較強調法

　比較強調法とは、否定するものと肯定するものを同時に伝えることで、提案を明確にする手法です。「AよりB」や「AではなくB」といっ

た構文で表現されます。受け手の頭の中で優先順位を変えたり、それまでの常識を非常識にするといった効果を狙います。

図5-4.

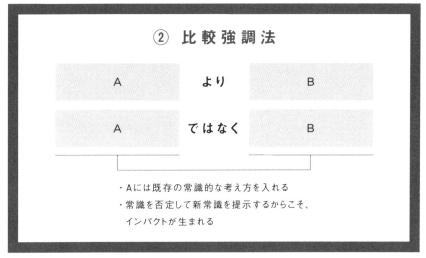

たった5文字のコンセプト

　米国で人気のスポーツ飲料、ゲータレード。2012年にブランドをリニューアルした際のコンセプトは"ON＜IN"という暗号のような言葉でした。どういう意味か分かりますか？

　ゲータレードの主要顧客は10代のヤングアスリートたち。日本で言う中高の部活生です。調査の結果、若いアスリートは補給する水分や栄養について無頓着だということが分かってきました。水分補給は水やジュースで十分。食事はお腹にたまる安いチョコレートスナックでいいと考えていたのです。運動時の素早い水分補給のためにつくられたゲータレードのようなスポーツドリンクはお金の無駄だという声さえありました。では、若いアスリートはお金に困っていたのでしょうか。決してそうではありません。若者たちは、高価なシューズやスポーツウェアには惜しげもなくお金を使っていました。

調査で明らかになったのは、ゲータレードの真の競合は他の飲料ではなくスポーツウェアだったということです。アスリートの燃料となりカラダを動かすのは飲料や食料。どんなに高機能なスポーツウェアも、カラダを動かすことなんてできません。アスリートならばなにより先にカラダに摂り入れるものこだわるべきでしょう。そこで生まれたコミュニケーションコンセプトが"ON＜IN"だったのです。ONとは着用するもの、INとは飲むもの。10代の部活生に対する**「勝つために投資すべきは着るものより、飲むものだ」**というメッセージを記号的に表現したわけです。

　たった5文字の明確な指針はゲータレードのマーケティングを大きく変えました。細かな機能や成分の話をするのは後回し。部活生が飲むものにこだわる理由を教育するコミュニケーションを至るところで始めました。こうして**"WIN FROM WITHIN"**（勝利は内側からやってくるという意味）というコピーで知られる名キャンペーンが生まれたのです。

「なにものではないなにか」が「なにものか」を決める

　宅急便の生みの親である、ヤマト運輸元社長の小倉昌男は**「宅急便は運送業ではない。サービス業である」**として、ドライバーに接客業や自営業の経験者を積極採用しました。高齢者のお客様への重たい荷物であれば部屋の中まで運ぶことを申し出る。それがひとり暮らしの女性であれば、同じことはしない。マニュアルどおりの行動ではなく自律的に考えるという、まるでホテルの従業員のようなホスピタリティをドライバーに求めたのです。「ものを運んで終わり」という意味での運送業を否定するからこそ、サービス業という言葉に込められた意味が強く伝わる構造になっています。

　スティーブ・ジョブズはアップルの黎明期に**「僕たちはエンジニアじゃなくてアーティストなんだ」**と繰り返し語りました。事実上、そ

れが組織のコンセプトだったと言えるでしょう。すべての社員にプロダクトデザイン、タイポグラフィー、操作性の細かなところにも美意識を持って向き合うことを求めたのです。ユーザーの目に触れない基盤まで美しくつくるという徹底ぶり。普通の「エンジニアではない」という意識こそが世界有数のデザインを誇るブランドをつくりあげたのは間違いありません。

あなたがつくるものは、なにを否定しなにを肯定するのでしょうか。「AではなくB」「AよりB」の構文で記述してみましょう。

■ コンセプト構文③　不の解消法

多くの新しい商品やサービスは、なにかしらの「不」を解消するために生まれてきます。不満・不安・不快・不自由などの「不」をまず書き出しましょう。特に顧客が苦痛に感じる「不」を見つけ、それが存在しない世界を記述すれば強力なコンセプトになります。

図5-5.

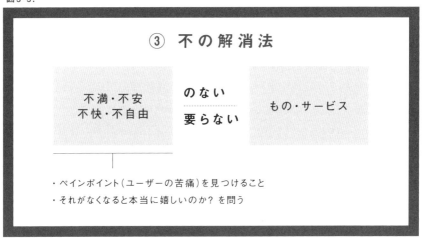

生活から痛みをなくせ

「不」は、ペインポイントと言われることもあります。ペインとはお金を払ってでも取り除きたい生活上の痛みのこと。文字どおりのペインをなくしてしまったのが、医療機器メーカーのテルモです。テルモは糖尿病患者のために**「痛くない注射針」**というコンセプトを掲げ、そこから世界で最も細いインスリン用の注射針「ナノパス」の開発に至りました。痛くない注射針で注目された後につくったのが**「こわくない注射針」**です。針を短くすることで視覚的な恐怖を取り除きました。

家電では**「フィルター掃除の要らない空気清浄機」**や**「羽根のない扇風機」**など不便をなくした商品がヒットしました。**「吸引力の落ちないただひとつの掃除機」**も言語的には同じ構造です。アパレルでは女性用の下着からカラダを締め付ける**ワイヤーのないブラジャー「ワイヤレスブラ」**が広がっています。

不の解消法は、アイデアの顧客価値を見極めるためにも役立ちます。かつて素材メーカーに勤める受講生が**「1枚の服で春夏秋冬を過ごせるようにする」**というユニークなコンセプトを発表してくれました。暑い時期には風を通して温度を下げ、寒い時期には汗を吸収してそれを熱に変える。魔法のようで面白い言葉ですよね。けれども、顧客価値が分かりにくく感じられました。私たちは本当に1枚の服で1年間を過ごしたいのでしょうか。共感するポイントが見えないのです。

そこで「○○が要らない服」という形式で言葉を考え直してもらうことにしました。後日提出された改訂案が**「衣替えが要らない服」**と**「シーズンの終わらない服」**という2つのコンセプトです。

「衣替えが要らない服」は、春夏と秋冬で洋服を入れ替える面倒から人を解放することを分かりやすく伝えます。それだけはありません。衣替えが要らなくなれば、手持ちの洋服を減らすことができます。シ

ンプルな生き方に訴えることで、また、散らかりがちなクローゼット
に対する現実的な解決策として提示することで、顧客からの共感を得
られるはずです。

　一方、「シーズンの終わらない服」がターゲットとするのは一般消
費者ではなく、アパレルブランドです。通常、衣料品の店舗では店頭
に並ぶ商品を季節ごとに入れ替えます。そのシーズンで売れない在庫
はセール価格で販売され、それでも売れ残ればアウトレットなどに送
られ、最終的には処分されます。しかし「シーズンが終わらない服」
であれば、1年間店頭に並べられます。1年を通して使用できる機能性
に留まらず、サステナビリティが問われる時代の新しい価値提案にな
るのではないでしょうか。どちらのコンセプトも、不に目をつけるこ
とで、顧客価値が随分と明確になりました。

　あなたがつくるものは、どのような「不」を解消できるでしょう
か。多くの共感が集まるペインポイントを見つけて言葉にしましょ
う。

■■ コンセプト構文④　メタファー法

　メタファー法とは、誰もがイメージできるものに「喩える」こと
で、新しくつくるもののイメージを的確に伝える方法論です。コンセ
プトに限らず、日常会話でもよく使われている馴染みの深い修辞法で
はないでしょうか。

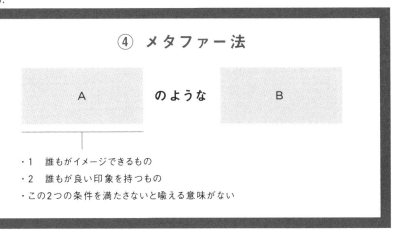

図5-6.

④ メタファー法

A のような B

・1 誰もがイメージできるもの
・2 誰もが良い印象を持つもの
・この2つの条件を満たさないと喩える意味がない

ワインのようなタオル？

　今治タオルの製造と販売を手がけるイケウチオーガニック。オーガニックコットンには、品質が安定しないという弱点があります。収穫量も一定ではありませんから、大量生産のビジネスで扱うには一般的には不向きです。そんな難しさを逆手に取り、品質が毎年変わることをポジティブに捉える方法ないか？　と逆転の発想で生み出したのが**「ワインのように愉しむタオル　コットンヌーボー」**でした。

　似たような言葉でも「違いを愉しむタオル」とか「今年の手触りを知るタオル」といった表現では、いまいちピンときませんよね。「ワインのように」という喩えが、オーガニックタオルが工業品でありながら農産物でもあることを思い出させ、ボジョレーヌーボーのように年によって変わる味わいを愉しむ提案になっています。また、ワインを思わせる細部のデザインや「コットンヌーボー」というネーミングの軸としても機能しています。喩えることによって、ワイン文化のイメージをまるごと、タオルの世界に移植してしまったのです。

ビジネスモデルは喩えることで進化する

　高級香水ブランドのフレデリック　マルは**「香りの出版社」**（エディション　ドゥ　パルファム）というユニークなコンセプトを掲げています。普段は黒子役の調香師（パルファム・デザイナー）とブランドの関係を、スター作家と出版社の関係に喩えながら変革したのです。事実、フレデリック　マルはマーケティング戦略、時間、原料、コスト等の一切の制限を取り払い、調香師たちに完全なる創造の自由を与えています。ブランドは編集者として寄り添うことに徹するのです。でき上がった香水のボトルには書籍と同様に、調香師の名前が印字されています。これらはすべて業界慣習上、類を見ないことでした。フレデリック　マルの香水はマスマーケティング化が進み、万人に受ける香りばかりが開発されていた業界に、作家性という切り口で一石を投じることになりました。

　LCC（低価格航空会社）の元祖とも言えるサウスウエスト航空のコンセプトは**「空飛ぶバス」**。多くのエアラインがハブ空港で乗り換える「ハブアンドスポークシステム」を採用する中、中規模の空港と空港を結ぶ直行便を、まるでバスのように折り返し飛ばします。バスですから、余計なサービスもありません。無駄を抑えて徹底的にコストを下げ、使う気軽さまでバスのようにしてしまいました。サウス・ウェスト航空はビジネスモデルをまるごと、バスのメタファーでつくってしまったのです。

　擬人化もメタファーの一部として捉えていいでしょう。サントリーの缶コーヒー・ボス（BOSS）は**「働く人の相棒」**というコンセプトで開発されました。内容や機能での差別化が難しいカテゴリーでは、人に喩えて存在感でコンセプトをつくる手法は有効です。ロッテのコーポレートコピーである**「お口の恋人」**も同じく擬人化ですね。無印良品の「体にフィットするソファ」がヒットするきっかけになったのは、ネット上で誰かが**「人をダメにするソファ」**と言い始めたのが広まってからでした。これもソファ自身に人格があって人をダメにして

いるかのように感じられる表現になっています。

　あなたのつくりたいもののイメージを、他のものに喩えてみましょう。全く異なる世界のメタファーであるほど、そこに新しい提案が生まれます。

■■■ コンセプト構文⑤　反転法

　反転法とは常識的な考え方をひっくり返して、新しい常識を記述する方法論です。「不の解消法」とは異なり、反転法では必ずしもネガティブな事象だけに目を向けません。むしろ、一般的には良いとされている考え方でさえも反転させ、日陰に隠れていた新しい価値に光を当てるために用いるのです。

図5-7.

⑤　反転法

常識

をひっくり返すと

新常識

・③不の解消法のように「ネガティブ」に目を向けるものではない
・ワコール「小さく見せるブラ」のように反転して新しい価値を生み出すこと

大きく見せる ⇄ 小さく見せる

　ワコールが2010年4月に発売した**「小さく見せるブラ」**はその好例でしょう。当時、ブラジャーのマーケットでは、ほとんどのブランド

が胸を寄せて上げる機能を競い合っていました。実際に市場調査を
しても9割以上が「胸を大きく見せたい」と答えていたようです。し
かしワコールは残り1割に注目してブラジャーを開発。結果、これが
ヒット商品となりました。バストサイズの大きめな女性たちの中には
「洋服を着たときのシルエットをスッキリ見せたい」とか「シャツの
ボタンの隙間が気になる」といった隠れた本音があったのです。小さ
く見せるブラは単なる逆張り商品で終わらず、常識に抑圧されていた
女性たちを解放したと言えるでしょう。

　2000年にディオール オムのクリエイティブディレクターに招聘さ
れたエディ・スリマンは、**「男を小さく見せるスーツ」**をデザインし
ました。男性のスーツと言えば肩パッドを入れるなど大きく立派に見
せるのが常識でしたから、当然、賛否両論を呼ぶことになります。し
かし、「男らしさ」を疑う姿勢はジェンダーの価値観が多様化する時
代に徐々に受け入れられ、その後のスキニーパンツブームなど大きな
トレンドの源流ともなったのです。

必要とする人のメガネ ⇄ 必要としない人のメガネ

　誰がなんのために使う商品か。商品の根本的な常識をひっくり返し
てしまった事例もあります。日本で視力矯正が必要な人はおよそ6000
万人。これだけのボリュームがあるならばメガネを必要とする人々の
ためにメガネをつくるのが普通です。しかしジンズ（JINS）は残り半
分に目をつけました。開発コンセプトは**「目のいい人のメガネ」**。ここ
からスマホやPCなどのデジタルディスプレイが発するブルーライト
を軽減するJINS PCが生まれました。目のいい人がメガネを好んで使
用するという非常識は、いまや日常となっています。

古いほど安い ⇄ 古いほど高い

　古くなるほど価格が下がる。それが不動産の常識でした。築30年の
中古マンションが、同じ立地で同じ広さの新築より高く売れる時代
が来るなんて、誰が想像できたでしょう。不動産の常識をひっくり返

し「古くなるほど価格が上がる」現象を生み出したのが**「ヴィンテージ・マンション」**というコンセプトでした。「中古」の対義語として「新築」ではなく「ヴィンテージ」を見つけたところに技があります。デニムや食器や家具など、中古とは反対に時間とともに価値が上がるものはヴィンテージやアンティークといった言葉が使われていますよね。この事例のように、いたずらに対義語を見つけるのではなく、対になる価値を見つけるのが反転法のポイントです。

業界や商品やサービスの「常識」を書き出してみましょう。ひとつひとつの常識をひっくり返し、そこに新しい価値を見つけられないか検討してみてください。

■ コンセプト構文⑥　矛盾法

「小さな巨人」や「雄弁な沈黙」のように通常は矛盾する2つの概念を結びつけるのが矛盾法です。「AなのにB」という構文を用いて通常は「OR」でつながる2つの概念を「AND」で結びつけて「AB」という言葉をつくります。

図5-8.

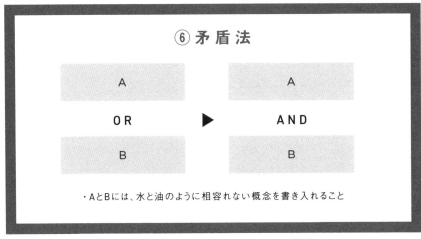

⑥ 矛盾法

A		A
OR	▶	AND
B		B

・AとBには、水と油のように相容れない概念を書き入れること

例えば英会話のノバ（NOVA）。**「駅前なのに留学」**したくらいの効果があるというところから**「駅前留学」**というコンセプトを打ち出しました。「A or B」を「AB」にする教科書的な事例です。

殺人ミステリーかラブコメか

コンテンツ制作では通常、「殺人」と「ラブコメ」を対極のジャンルとして扱います。殺人はシリアスでミステリアスに引き込み緊張させるものですが、ラブコメは明るく切なく胸をときめかせるもの。ストーリーのつくり方も、雰囲気のつくり方も大きく異なります。その矛盾に目をつけ殺人ミステリーなのにラブコメの要素も楽しめる**「殺人ラブコメ」**という新ジャンルをつくりだしたのが青山剛昌氏の『名探偵コナン』でした。殺人事件の謎を解くという本線に加えて、主人公の新一と蘭という2人のキャラクターの間でラブコメが進行していきます。シーンごとに一瞬で物語のトーンを変えられるマンガやアニメならではと言えるスタイルです。

その「まさか！」もすぐ常識になる

AKB48は雲の上のアイドルのはずなのに秋葉原に行けば会えるという**「会いに行けるアイドル」**としてスターダムを駆け上がりました。**「無印良品」**はネーミングそのものが矛盾法です。質も価格も高いブランド品か、安くて低品質のノンブランドか。2つだけの選択肢を乗り越えて「ノンブランドなのに質の良い」ものをつくる、という決意が「無印良品」の4文字に現れています。

学習ドリルという真面目な書籍にはありえない「うんこ」をくっつけてしまった**「うんこドリル」**は、教材では異例のヒット商品になりました。様々な尺度から対極にある言葉の組み合わせです。また同じく子どもから人気のコンテンツに**「おしりたんてい」**があります。知性と勇気を兼ね備えた憧れの探偵が、オナラをするお尻だというギャップある設定には惹きつけられずにはいられません。

着用に苦痛を伴うものだったパンプスを、独自のクッション技術で履きやすくしたのがジーユー（GU）の**「マシュマロパンプス」**。**「走れるパンプス」**という開発コンセプトはもちろんですが、固くて痛いパンプスを柔らかさの象徴であるマシュマロとくっつけたネーミングにも矛盾法が見られますね。

　年間1万着売れれば成功とされる近年のスーツカテゴリーで1年に5万着も売れたのが、アオキ（AOKI）が2020年に発売した**「パジャマスーツ」**です。フォーマルを代表するスーツにもかかわらず、その対極にあるパジャマの着心地。リモートワークが普及する時代のひとつの常識になりました。

　AなのにB。矛盾する2つの概念をつなげ、新鮮でインパクトのある組み合わせをつくってみてください。まさか！　と2度聞きしたくなるような組み合わせが、数年もすれば常識になる。それは紹介した事例を見れば納得してもらえるはずです。

■ コンセプト構文⑦　デモクラタイズ｜民主化

　特別な人だけが所有できたものを、すべての人に解放する。デモクラタイズとは、特にデジタルの時代のビジネスにおいて、ひとつの成功パターンとなったコンセプトのつくり方です。

図5-9.

```
⑦ デモクラタイズ  ｜  民主化


        X          をすべての人に
```

特別なものをみんなのものに

1975年にマイクロソフトを創業したビル・ゲイツは**「すべてのデスクと家庭にコンピューターを」**（A computer on every desk and in every home）というビジョンを掲げていました。言い換えれば**「コンピューターをすべての人に」**となるでしょう。当時はまだ一部の人のものだったコンピューターが、世界中に行き渡る世界を思い描いたのです。彼が開発したBASICは初心者がプログラミングすることを可能にしました。ウィンドウズ95、98がなければパーソナル・コンピューターの時代は、これほど早く実現しなかったでしょう。

ものを民主化したマイクロソフトと比べるならば、アップルは**「創造性をすべての人に」**発揮してもらうための企業と捉えることができます。クリエイターという言葉を職業としてではなく、すべての人の中に眠る精神性と信じ続けたところにアップルブランドの個性があるのです。

また、ナイキの創業者は「カラダひとつあればアスリートだ」と信じて疑わず、**「すべての人をアスリートに」**することをブランドコンセプトとしました。こうした考え方は松下幸之助の**「水道哲学」**や、フォードによる**「自動車の民主化」**といった経営コンセプトにも通じるものがあります。

民主化を掲げた企業の多くは、最初にニッチなターゲットを相手にしていた企業です。マイクロソフトはまだギークと呼ばれていたコンピューターユーザーを、ナイキはまだランニングが一部の人の趣味だった時代のランナーたちを、フォードは黎明期の自動車ドライバーを、コアターゲットとしていました。いまと比べれば、考えられないくらい小さな市場だったのです。ビジネスを広げるためには、ニッチなコアターゲットをマスに広げなくてはいけません。マーケットの拡大戦略と民主化のコンセプト話法は極めて相性が良く、CMを中心と

したマスマーケティングやグローバリゼーションを推し進める原動力
となったのです。

社会的包摂の時代「みんな」の意味は変わっていく

　しかし、これからの時代の民主化は、ただ単純にものを普及させ
るだけではなくなるでしょう。より社会変革の色を帯びていきそうで
す。

　ひとつの流れとして、人種や性別や年齢に関する偏見に向き合
い、それを乗り越えるコンセプトを構想する企業が世界各地で現れ
ました。例えば、白人至上主義の美容業界に異を唱えた「フェンティ
ビューティ バイ リアーナ」というブランドがあります。立ち上げ
たのはバルバドス出身で、現在は米国で活躍するアーティスト、リ
アーナ・フェンティ。コンセプトは "Beauty for All"。**「すべての人に
ビューティを」**です。

　様々な人種が共存するアメリカでは、肌の色だって当然、多様で
す。しかしほとんどの大手ブランドは白人向けの色を多く取り揃える
一方で、黒人をはじめとする深めの肌色に合わせるカラーバリエー
ションが極端に少なかったのです。リアーナが問題視したのは、まさ
にこのビューティの格差でした。彼女の言う "for all" には、これまで
の美容業界が目を逸らしてきた人々に向き合う覚悟が込められていま
す。

　また、社会的に正しい行動を広めることも、ひとつの潮流になりつ
つあります。消費財のグローバル企業であるユニリーバは、1984年か
ら**「清潔を暮らしの当たり前に」**（Make Cleanliness Commonplace）とい
う言葉を掲げていました。清潔な暮らしの民主化こそがユニリーバの
コンセプトだったのです。そして2019年、同社は**「サステナビリティ
を暮らしの当たり前に」**（Make Sustainable Living Commonplace）と言い換
えています。清潔の次に広めたいのは、持続可能な生活なのだと訴え

ているのです。

　皆さんが事業を通じて広めたい新しい価値観や、新しい暮らし方はあるでしょうか？　1度検討する価値のある問いのはずです。

■ コンセプト構文⑧　パーソナライズ｜個別化

　民主化の対になるのが、個別化の考え方です。デジタルテクノロジーによって、ひとりひとりに合わせた対応が可能になりました。デパートで買い物をするところを想像してください。あなたが入店した瞬間に、あなたの嗜好に応じてすべての品揃えを入れ替え、あなたが見やすいように棚をつくり変え、隣には過去に買ったものをすべて記憶した店員さんが常に寄り添って商品をレコメンドする。こんな世界は現実にはありえませんが、アマゾンのようなECサイトでは当たり前のように実現しています。データとAIの組み合わせが、ありとあらゆるジャンルで、これまでにはできなかったパーソナライズを実現していく。この流れは止められそうにありません。

図5-10.

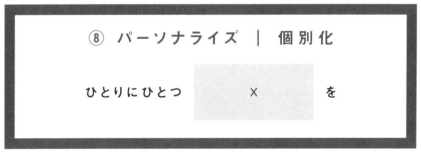

あなたに合わせて番組表が変わる時代

　人と映像コンテンツの関係を考えてみましょう。かつて私たちは、コンテンツのスケジュールに合わせて生活していました。月曜夜9時のドラマが見たかったら、その時間に家に帰っている必要がありまし

たし、映画が見たかったら上映スケジュールを調べ、開始時刻に合わせて移動時間を計算していました。インターネット動画配信サイトのネットフリックスは、こうしたコンテンツと人との主従関係を逆転させようとしています。目指すのは**「ひとりにひとつの放送局」**。あなたが番組表に合わせるのではなく、番組表があなたに合わせてつくり変えられていく。そんな世界観が当たり前になりつつあります。

パーソナライズとはヒューマナイズでもある

　大企業の多くは、ひとつの完成品をみんなに売る "One size fits all" のビジネスモデルで成り立っています。ユーザーは企業が提示する型に自らを合わせなければいけませんでした。この関係を逆転させるのがパーソナライズなのです。常に顧客が中心にいて企業がひとりひとりに合わせていく。パーソナライズとはつまり、人間を主役にするヒューマナイズでもあると言えるでしょう。

　アラン・ケイの**「パーソナル・コンピューター」**はその先駆けです。単にコンピューターを普及させるだけではなく、ひとりひとりの能力を引き出すものと捉え直しました。美容業界ではひとりひとりの髪質や頭皮の悩みに合わせた**「パーソナル・シャンプー」**や、ひとりひとりの肌に合わせた**「パーソナル・スキンケア」**が広がりつつあります。またファッションでもＳ・Ｍ・Ｌといったサイズの概念を過去のものにすべく、ひとりひとりの体型に合わせた**「パーソナライズド・ウェア」**も増えていくでしょう。理想の体型や美しさの形はひとつではない、ありのままの体型や見た目を愛そうというボディポジティブの流れも、パーソナライズを推し進める原動力になっています。

　教育では、アプリを活用してひとりひとりの習熟度に合わせる**「パーソナライズド・ラーニング」**に取り組むスタートアップも登場しました。小売りでは、アマゾンのような**「パーソナライズド・ストア」**は基本仕様になっていくはずです。

皆さんの業界にパーソナライズという概念を持ち込むとき、どのようなことが起こるでしょうか。ひとりひとりの好みや個性に対応しながら、より人間的なものへと進化させることは可能でしょうか。言葉とともに具体案を考えてみましょう。

■■ コンセプト構文⑨　スライド法（ズラし）

スライド法は、正確に言えば構文というよりも発想法です。新しい概念のほとんどは既存の概念の組み合わせで表現できるとお話ししました。スライド法では、まず基本の組み合わせを設定します。その上で、構成要素をズラしていきます。

図5-11.

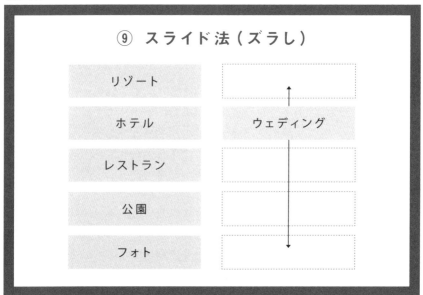

可能性はズレから生まれる
　ウェディング業界の最もスタンダードな形式と言えば「ホテル・ウェディング」でしょう。新しいウェディングのカタチを探すのであ

れば、ウェディングという言葉をスライドさせて、様々な空間と紐づけながらその可能性を検証していけばいいのです。図書館、大学、山頂、海底、空（飛行機）、オフィス、マチナカ、エキナカ、スタジオ、バーチャル空間、サウナ……。新しく見えるビジネスモデルにも、既存のビジネスをズラすところから生まれたものが数多く存在します。

　日本の産業界に成果主義が広がり始めた2000年代初頭。職場のストレスが高まるのではないか、という仮説から生まれたのが**「オフィス・グリコ」**です。お菓子の詰まった「リフレッシュボックス」をオフィスに配置。農産物直売所からヒントを得て、代金は利用者が自ら代金箱に入れる仕組みが採用されました。このシンプルなサービスが女性だけでなく男性の利用者を大きく増やし、ビジネスの柱にまで成長したのです。コンビニやスーパーからオフィスへ。販売する場所をズラすことで、全く新しい市場を切り開きました。

　同じように場所をズラした例に、羽田空港が駅弁をヒントに始めた**「空弁」**があります。機内座席のトレーに収まるサイズや、匂いを抑える食材や調理法の工夫を重ねた結果、全国に広まり、いまや空の旅のお伴として定着しました。

　場所だけではありません。時間をズラすことによって新しい市場をつくる例も見られます。例えば家電。共稼ぎの夫婦が増えることによって、昼間にすべての家事を行うのが難しくなりました。そこで**「朝家事家電」**や**「夜家事家電」**のように時間をズラす発想が生まれています。夜家事家電であれば昼間以上に静粛性が求められますし、昼間に邪魔にならない存在感のデザインが好まれます。時間帯に合わせた機能やデザインが提案されています。

　個人向けの作業服専門店だったワークマンは、2018年に立ち上げたワークマンプラスで、ターゲットを職人から一般家庭へとズラしました。高い機能性と低価格はそのままにカジュアルなデザインの装い

を提案したのです。2020年には新業態「**#ワークマン女子**」で、職人の世界からは遠くにいた女性たちの需要も取り込んでいます。

100とおりのズラし方

　右の図は、ズラすポイントを100個リスト化したものです。場所、時間、対象、便益というテーマでよく使われる接頭語を並べています。試しに「ヨーグルト」という言葉をつなげてみてください。

　それだけで、ヨーグルトのコンセプト案が100とおり生まれます。もちろん中には全く意味不明なものもあるでしょう。しかし同時に、真面目に考えても思いつかないコンセプトも隠れているはずです。例えば時間をズラす「**夜のヨーグルト**」はどうでしょう。一般的には朝のイメージが強いヨーグルトですが、腸が活発に動くのは夜です。寝る前に食べて、朝の目覚めと同時にスッキリさせるような商品があってもいいのではないでしょうか。同じ夜に目をつけるものでも、便益をズラす「**よく眠れるヨーグルト**」も面白いですね。腸を整えることで快眠に誘うという商品設計が可能かもしれません。「**人をダメにするヨーグルト**」は健康で優等生なイメージのヨーグルトのイメージを裏切り、贅沢で甘美な商品につながりそうです。

図5-12.

時　間	場　所	対　象	便　益1	便　益2
夜の	家庭の	大人の	健康になれる	食べられる
朝の	学校の	子どもの	自分らしく いられる	遊べる
特別な日の	都市の	シニアの	美しくなれる	学べる
365日の	地方の	親子の	自信が持てる	走れる
春（夏秋冬）の	日本の	家族の	人をダメにする	しゃべれる
24時間の	海外の	ジェンダーレス	リラックスできる	愛せる
一瞬の	海・山・川の	エイジレス	よく眠れる	捗る
100年の	図書館の	0歳から 100歳までの	食欲が増す	持ち歩ける
幼児期の	リゾートの	ユニバーサル	クセになる	持続可能な
思春期の	オフィスの	障害のある人の	可能性を広げる	循環型の
退職後の	公園の	プロの	苦手をなくす	重い・軽い
運動前後の	ストリートの	アマチュアの	場所を選ばない	大きい・小さい
食事前後の	スタジアムの	お一人様の	時期を選ばない	時短ができる
結婚前後の	農場の	集団の	人とつながる	お金の かからない
ダイエット中の	港の	賢い人の	共有できる	命を救う
妊娠中の	産地直送の	挑戦する人の	会いに行ける	飾れる
勉強中の	工場直販の	諦めない人の	壊れない	空間に溶け込む
睡眠中の	最寄りの	孤独な人の	消えない	安全・安心な
オフの日の	遠くの	エグゼクティブの	取り替えなくて いい	生涯付き合える
仕事の日の	宇宙の	選ばれた人の	定額制の	居場所になる

■ コンセプト構文⑩　記号化

　伝えたい意味内容を「数値」や「図形」や「単語」に置き換えるの
が記号化です。文章にせず意味を伝える最小単位で表現します。誰も
が覚えて使えるコンセプトにする際には絶大な効力を発揮します。家
と職場のあいだにあり、くつろげる場所を **"3rd Place"** と表現した
のは典型的な記号化ですね。数字だけではありません。比較強調法で
紹介したゲータレードの **"ON＜IN"** も、言語表現に目を向ければ記
号化の好事例だと言えます。

図5-13.

最小限の言葉にすると？
　世界有数の経済都市パリ。中心部の人口はおよそ200万人。花の都
として観光客で賑わうこの街では近年、自動車における大気汚染が問
題になっていました。パリの公共交通機関は十分に発達しているにも
かかわらず、システムやインフラが老朽化している上に、ストライキ
も多発するため、パリで働く人の半数以上が自動車通勤を選んでいた

のです。こうした現状を変えるべく2020年3月、アンヌ・イダルゴ市長が提案したのが「**15分都市**」（15-minute city/ la Ville des proximités）という都市整備のコンセプトでした。誰もがクルマを使用せずとも15分で学校や職場や食料品店など、必要な街の機能にアクセスできることを目指す計画です。具体的には、渋滞の起こる交差点を歩行者天国に、およそ6万ヶ所以上の路上駐車スペースを公園や緑地に変えていくといったことが計画されています。

パリに続いて、スウェーデンのイノベーション・システム庁は「**1分都市**」というコンセプトを発表しました。家を出て1分以内のエリアを、住民たちの手で理想的な場所に変えるプロジェクトです。近所の空間をどのように使いたいか、子どもを含む地域住民同士でアイデアを出し合い、その結果を木製の模型を使ってカタチにしていきます。遊び場や、屋外ジムや、キックボードの置き場所や、カフェテーブルなどが道に出現しました。

完全自動運転が実現する未来。私たちの自動車の中での過ごし方も大きく変わるでしょう。ドイツの自動車ブランド、アウディは「**25時間目**」というコンセプトで車内の過ごし方を研究しています。国や地域によっては1日平均1時間以上を車で過ごすと言われています。そこで運転から人を解放する自動運転は、人の1日を1時間延ばすものと意味づけをしているのです。「車内の過ごし方」を考えることと「25時間目」を考えることでは、異なる体験が導かれるでしょう。

カプセルホテルを進化させた「**9HOURS**」。そのネーミングは、優れたコンセプトでもあります。都市の宿泊に必要な3要素を、汗を洗い流す1H、眠るための7H、そして身支度のための1Hに分解。9時間に必要な機能のみを充実させ、それ以外の一切の無駄を省きました。9HOURSという言葉には、カプセルホテルという形態を売るのではなく、都市の夜を過ごすための、快適で合理的な時間を売るのだという哲学が明快に宣言されています。

米国でＺ世代に人気のコスメブランド、グロシエ（Glossier）のコンセプトは**「肌が1番、メイクは2番」**"Skin First. Makeup Second." というものです。肌荒れの原因となる恐れがあるアルコールやパラベンといった防腐剤を使っていません。優先順位を示す記号的表現ですが、このコンセプトは若い世代がコスメに求める優先順位と重なったことで共感を得ました。

皆さんが伝えたい意味内容を極限まで削ぎ落とし「数字」や「記号」や「単語」に置き換えるとしたら、どのような表現が可能でしょうか？

書けた！ と思ったら 「3回テスト」と「1週間テスト」

1度コンセプトを書いたら「3回テスト」を試してください。やることは簡単です。3回ほどコンセプトを空で唱えるだけ。そもそも文章を覚えられなかったら、文章が長すぎるか複雑すぎる証拠です。もしも途中で噛みそうになったり、言いにくかったりした場合は言葉がぎこちないことを示しています。何度も口に出して心地よい。そんな文字数と言い回しを探してみてください。

もうひとつ。締め切りまで時間があるなら「1週間テスト」を実施しましょう。コンセプトの候補を複数案残したまま、1週間ほど寝かせておくだけです。1週間後、真っ先に思い出せるのはどのコンセプトでしょうか。忘れてしまっている言葉はないでしょうか。長く使うコンセプトだからこそ、ある程度の時間をかけて記憶に残る強度を確認しておきたいものです。

5-4

コンセプト構文の実践

　第5章の最後に、学んだ構文を使いこなせるかミニワークを通じて腕試しをしましょう。

課題
エアビーアンドビー

　エアビーアンドビーの「世界中を自分の居場所にする」というコンセプトは、言葉のつくり方に注目すれば「AをBにする」の**変革話法**に当てはまります。では、他の構文ではどのように表現できるでしょうか。P163を参考に以下の7つの構文に当てはめて、コンセプトを書き換えてください。（制限時間：30分）

比較強調法：	AよりB ／ AではなくB
不の解消法：	××のない○○
メタファー法：	AのようなB
反転法：	AをひっくりかえすとB
矛盾法：	AなのにB → A&B
デモクラタイズ：	○○をすべての人に
パーソナライズ：	ひとりにひとつ××を

解説

　書きやすいものもあれば、なかなか筆の進まない構文もあったのではないでしょうか。「書きにくい」と感じた構文や手法があるとしたら、それは皆さんが持っていなかった思考回路なのかもしれません。

これを機に皆さんの得意技に加えてください。

　今回、スライド法と記号化は課題から外しました。スライド法はゼロからコンセプトを考える際に効果的なものの、すでに骨子ができ上がっているものを言い換える課題には向かないからです。記号化に関しては、社名の由来ともなっている**airbed & breakfast(エアベッドと朝食)**がひとつの回答例になっています。世界中の家の「エアベッド」に泊まり「朝食」だけ準備してもらうという内容を示す言葉ですが、たった2つの単語でサービスの全体が象徴的に表現されていますね。

　それでは、回答例を見ていきます。

比較強調法
　比較強調法の構文「AではなくBである」を埋めるべく、まずは否定されるべきものAを考えてみます。エアビーアンドビーが提供するのはパッケージツアーや一般的な宿泊施設のような普通に「旅する」体験ではありません。また、コアユーザーは「旅人」扱いされるのではなく、旅行先のローカルの仲間として扱われることを望んでいます。

　否定されるべきAを規定したら、次にそれと対になるBを見つけます。一般的なやり方で「旅する」ことを否定するなら**「旅するより住んでみる」**と表現できそうです。「旅人」を否定するならば、ホストコミュニティとの関係に注目して**「旅人より友人になろう」**という言い回しも考えられます。「旅する」＜「住む」。「旅人」＜「友人」。どちらも比べることで伝えるべき意味が明確になりました。

不の解消法
　エアビーアンドビーが解決しようとしている旅の不満は、「よそ者扱いされること」や「その街のリアルから切り離された体験になってしまうこと」でした。こうした不満を解決するものとして言語化する

ならば「よそ者扱いされない旅をつくる」や「その街のリアルから切り離されない体験を」といったコンセプトができ上がります。

メタファー法

　その街に住む人の部屋に泊まる体験を、なにに喩えられるでしょうか。最もシンプルなのは**「暮らすように旅をする」**という表現です。他に「世界中にホームステイするかのように」や「カーシェアリングのように部屋をシェアする」といった言い回しもありますが、直感的に伝わりづらく、効果的なメタファーとは言えませんね。

反転法

　反転法では旅行の常識をひっくり返して新しい価値を見つけます。例えば誰もがガイドブック片手に旅行するという常識に着目して**「ガイドブックに載らない旅」**というコンセプトにするのはどうでしょう。現地に暮らす人の家を拠点にすることで得られるメリットが伝えられますね。さらに現代ではソーシャルネットワークで見つけた観光地を巡って同じ写真を撮影する、答え合わせのような旅が主流になっています。それを反転し**「答え合わせで終わらない旅」**というコンセプトをつくれば、冒険のない旅に対するアンチテーゼになりますね。

矛盾法

　矛盾法ではまず「AなのにB」という対立した言葉の組み合わせでサービスを表現します。例えば「旅行なのに移住のように」や「旅行なのに引っ越し気分」という具合です。最後に2つの概念を結合すれば**「移住旅行」「引っ越し旅行」**のような造語のコンセプトをつくることができます。まだぎこちない言葉ですが、住んでいるかのようでもあるし、もちろん旅しているとも言える、エアビーアンドビー「ならでは」の体験を言い当てられているのではないでしょうか。

デモクラタイズ

　エアビーアンドビーは、なにを民主化しているかを考えてみましょ

う。例えば、かつて世界中に友人がいるなんて、大使や外交官のような一握りの人だけでしたよね。けれどこれからは、どの街に行ってもコミュニティが迎え入れてくれます。こうした事象は**「すべての人に、世界とのつながりを」**などと表現できます。

パーソナライズ

デモクラタイズの逆を考えます。エアビーアンドビーを通じて味わえる、あなただけの体験はどのようなものでしょうか。それは、あなたが選ぶ部屋から始まる、誰の真似でもないあなただけの旅のスタイルのはず。例えば**「ひとりにひとつの旅物語」**などが候補になります。

回 答 例

変革話法：	世界中を自分の居場所に（する）
比較強調法：	旅人より友人になろう
不の解消法：	よそ者扱いされない旅をつくる
メタファー法：	暮らすように旅をする
反転法：	ガイドブックに載らない旅
矛盾法：	移住旅行 ／ 引っ越し旅行
デモクラタイズ：	すべての人に、世界とのつながりを
パーソナライズ：	ひとりにひとつの旅物語

基本構文を使うことでコンセプトの手口を広げることができます。しかしながら、構文はあくまでひとつのヒントでしかありません。より印象的で記憶に残り、的確に意味を捉える言い回しを自由に模索してみましょう。

☑ ① **整理し** → ② **削ぎ落とし** → ③ **磨き上げる**

☑ **意味を整理する ― 3点整理法**
- 顧客と目的と役割の3つで整理する方法。
- 「A」が「B」するために「C」の役割を担う、という構文でまとめる。
- 「A」に主語を、「B」には動詞を、「C」には名詞を記入する。

☑ **情報を削ぎ落とす ― 目的か役割か**
- 3点整理法でできた文章のうち「新しい意味」を創出する起点は目的か役割か。
- 選択次第で「目的型」「役割型」「連結型」に分かれる。

☑ **言葉を磨き上げる ― 2単語ルール**
- あらゆることは2つの概念（英単語2つ）の組み合わせで表現できる。
- 例）Pocketable Radio, 3rd Place, Radical Transparency.
- 2つの概念を中心に日本語では「てにをは」でニュアンスをコントロールする。
- 言葉選びは「連想法」「偶然法」「類語法」などを取り入れる。

☑ **10の基本構文を活用する**
- ① 変革話法：　　　　AをBにする
- ② 比較強調法：　　　AよりB ／ AではなくB
- ③ 不の解消法：　　　Aのない ／ 要らないB
- ④ メタファー法：　　AのようなB
- ⑤ 反転法：　　　　　Aをひっくり返すとB
- ⑥ 矛盾法：　　　　　AなのにB → A&B
- ⑦ デモクラタイズ：　Xをすべての人に
- ⑧ パーソナライズ：　ひとりにひとつXを
- ⑨ スライド法：　　　2つの構成要素の片方をズラすと？
- ⑩ 記号化：　　　　　意味を記号に置き換えると？

第 6 章

コンセプトを
「最適化」する

いよいよ最終章となる第6章では、紹介してきた型を様々なビジネスの現場に「最適化」する方法について説明していきます。なるべく多くの方に役立てていただけるように、代表的な3つのビジネスシーンを選びました。

　まず1つ目にプロダクト開発です。企画書づくりの細かなお作法は企業によって異なりますが、押さえるべき基本要素は共通しているものです。複雑になりがちなコンセプトを**「1枚のスライド」**にまとめるフレームワークを紹介し、開発工程へとつなげるための工夫について解説していきます。

　2つ目はマーケティングです。マーケティングにおいてコンセプトは「設計図」になるだけではなく、商品が顧客に受け入れられるかどうかを検討する「試作品」としての役割も担います。顧客に読んでもらい評価してもらうことが前提になりますから、**「1つの文章」**としてまとめるのが良いでしょう。

　3つ目として、組織の行動を規定するバリューのつくり方について解説します。社員全員が理解し覚えられるように、基本的には簡潔な言葉で書かれた数行の**「単文集」**として運用されます。

　新たなフレームワークも登場しますが、根本の考え方はこれまでに学んだものばかりです。この章は新たな学びに加えて、本書の内容を振り返り基礎力を定着させる目的もあります。適宜、これまでの学びを確認しながら読み進めてください。

プロダクト開発のコンセプト

■ つくるものを1枚で説明する方法

　企画書のスタイルは、企業の数だけ存在するものです。機能やスペックが事細かく記述されている企画書もあれば、反対に、紙芝居のようにユーザーの体験を追っていく物語調のものもあります。細かい文字で埋め尽くされたスライドを良しとするチームもあれば、スケッチで構成された直感的な企画書を奨励するチームもあるでしょう。しかしどのような場合であっても、なにかを開発する際には必ず押さえなくてはならない基本要素があります。それを1枚にしたものが次ページの図6-1に示したコンセプトシートです。

　上から順番にターゲット、インサイト、コンセプトが並び、その下にイメージ、そしてベネフィットとファクトの項目があります。お気づきの通り、第3章で学んだインサイト型のストーリー構成が骨組みになっています。

　4つのCを埋めるだけだったインサイト型ストーリーのフレームワークとの最大の違いは、ベネフィット（便益）とファクト（技術・製法・素材など）を書く欄が明確に分けられ、かつ複数のベネフィットを記入することが前提になっていることです。ストーリーを設計する段階ではコンセプトにつながる最重要ベネフィットを押さえておけば良かったのですが、開発プロセスに落とし込む際にはコンセプトを支える副次的なベネフィットと、それを実現するためのファクトも漏れな

図6-1. コンセプトシート

TARGET ｜ **ターゲット**	INSIGHT ｜ **インサイト**

CONCEPT ｜ **コンセプト**

IMAGE ｜ **イメージ**

KEY BENEFIT ｜ **便益**	FACT ｜ **技術・製法・素材など**
SUB BENEFIT ｜ **便益**	FACT ｜ **技術・製法・素材など**
SUB BENEFIT ｜ **便益**	FACT ｜ **技術・製法・素材など**
SUB BENEFIT ｜ **便益**	FACT ｜ **技術・製法・素材など**

OTHERS ｜ **その他**

く記述していかなくてはなりません。また、コンセプトと直接関係しなくても、エンジニアや他部門とすり合わせなくてはならない機能や要素は「その他」の項目でまとめます。

そしてもうひとつ「イメージ」の項目にスペースが割かれている点にも注目しましょう。スケッチを描くための空欄です。図6-2をご覧ください。

図6-2.

(左) 出典：Alan Kay, A Personal Computer for Children of All Ages [picture of two kids sitting in the grass with Dynabooks]© Alan Kay
(右) 出典：https://www.city.asahikawa.hokkaido.jp/asahiyamazoo/2200/p008762.html

左側は1972年に書かれたアラン・ケイの論文に登場する「パーソナル・コンピューター」のスケッチです。芝生の上で子どもたちが遊ぶように読み書きを楽しんでいる様子が描かれています。この可愛らしいビジュアルによって、アラン・ケイはコンピューターに「ビジネスパーソンたちがオフィスで使う無機質な巨大なマシン」とは全く異なるイメージをもたらしたのです。

右のスケッチは、北海道旭川市にある旭山動物園のサイトに14枚のスケッチとして公開されているもののひとつです。

入園者数が激減して閉園の危機にあった1990年代。飼育員たちは夜な夜な理想の動物園の姿を話し合っていました。そこで生まれたアイデアを、のちに絵本作家になるあべ弘士さんがカレンダーやチラシの裏に描き留めていたのです。このスケッチから動物が生き生きと動き

回る姿を見せる**「行動展示」**というコンセプトが生まれ、旭山動物園は世界中から見物客を呼び寄せる人気観光スポットになりました。

　歴史を変えた2つの重要なスケッチ。そのどちらにおいても「人」が中心に描かれている点に注目してください。コンセプトシート上のスケッチは、チームが目指すべきゴールイメージを共有するためのもの。**描くべきはスペックの詳細よりも、ユーザーにとって理想の体験なのです。**

　コンセプトシートの概要は理解できたでしょうか。分厚い企画書を書く前に、このシートを完成させておくことをお勧めします。全体を貫くストーリーとコンセプトがあれば、枝葉の情報をいくら加えてもブレることなく企画書を完成させることができるからです。

■ コンセプトシートの実践
フィットネスミラーの開発コンセプト

　ここからは実際に項目を埋めながら、コンセプトシートの使い方を確認していきます。題材とするのはインターネットとつながった鏡、いわゆるスマートミラーです。細かな設定は以下にまとめています。

企業：　　　パーフェクトボディ（架空の企業）

商品：　　　パーフェクトミラー（架空の商品）

商品概要：　ネットに接続された鏡で、スマートミラーと呼ばれる。
　　　　　　鏡にはディスプレイが埋め込まれており、
　　　　　　フィットネス動画と鏡を見比べながら運動ができる。

ターゲット：都市部に暮らす30代共働き世帯

この概要から、まずはコンセプトをつくっていきます。図6-3はインサイト型のストーリーを構成する4つのCを埋めたものです。おさらいも兼ねて、ひとつずつ解説していきます。

図6-3.

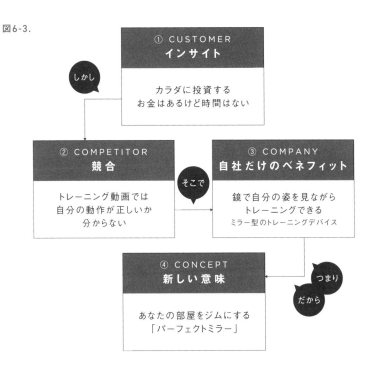

　まずはインサイトです。「都市部に暮らす30代共働き世帯」というターゲットの特徴として挙げられるのは、健康意識も可処分所得も平均よりも高いということです。カラダに投資するお金はあります。しかしながら、時間には余裕がありません。共稼ぎで家事を分担し、場合によっては子育てもしているからです。インサイトは**「カラダに投資するお金はあるけれど、（ジムに行く）時間はない」**と書くことができるでしょう。

　次に競合です。直接の競合としてまず浮かぶのは、家でトレーニン

グするためのトレッドミルやベンチプレスではないでしょうか。しかし、スペースの限られた都市部の住宅で大きな器具を導入するのは難しいはずです。小さい子がいる家庭では事故につながるリスクもあります。

　より比較する価値のある競合は、動画サイトに投稿される「エクササイズ動画」ではないでしょうか。スマホさえあれば、いつでもトレーニングが可能で、おまけに無料です。しかし、動画にも難点があります。動画を見ながらのエクササイズでは**自分が本当に正しい動作で運動ができているのか分からない**ということです。間違えた姿勢でエクササイズを続けていたら、本来の効果は得られません。また、ひとりで取り組むとなると、モチベーションを維持するのも困難です。

　インサイトと競合の弱点が見えれば、軸にするべき自社のベネフィットが見えてきます。ミラー型のトレーニングデバイスならば、**鏡で自分の姿を見ながらトレーニングできる**ということです。全体を括るコンセプトは、**「あなたの部屋をジムにする」**としました。単なるエクササイズの道具ではなく、ジムの体験そのものを部屋に再現するという狙いを表現しています。これでストーリーの骨子は完成です。

　さらに、このコンセプトをエンジニアや決裁者とすり合わせ開発工程へとスムーズにつなげるために**コンセプトシート**を準備します。

図6-4. パーフェクトミラーのコンセプトシート

TARGET｜ターゲット	INSIGHT｜インサイト
30代 都市部 共稼ぎの男女	ジムに行くお金はあるけど時間はない

CONCEPT｜コンセプト

あなたの部屋をジムにする。

IMAGE｜イメージ

KEY BENEFIT｜便益	FACT｜技術・製法・素材などの根拠
鏡で自分の姿を見ながらトレーニングできる	ミラー型ディスプレイ 鏡として姿を映しつつ、同時に明瞭な映像を投射する

SUB BENEFIT｜便益	FACT｜技術・製法・素材などの根拠

SUB BENEFIT｜便益	FACT｜技術・製法・素材などの根拠

SUB BENEFIT｜便益	FACT｜技術・製法・素材などの根拠

OTHERS｜その他

第6章
コンセプトを「最適化」する

基本の3点セット
インサイト・コンセプト・キーベネフィット

　まずインサイトとコンセプトはそのまま転記してください。また鍵となる最初のベネフィットには**「自分の姿を見ながらトレーニングできる」**ことを記入し、それを支える技術として**「ミラー型のディスプレイ」**を、そのスペックとして**「鏡として機能しつつ同時に映像もよく見せられるバランス」**が必要であることを記しておきましょう。

　前ページの図6-4をご覧ください。4つのCで考えた内容で埋められるのはここまで。この先はコンセプトを具現化するために、さらに想像力を働かせなくてはなりません。「あなたの部屋をジムにする」ために必要なことを考えていきましょう。

サブ・ベネフィット①

　ハードウェアだけではジムを再現することはできません。ジムにはトレーニングに精通したインストラクターがいて、いくつものレッスンメニューを提供していますよね。1つ目のサブ・ベネフィットに**「自分に合ったメニューを24時間楽しめる」**という内容を設定してはどうでしょうか。次に、このベネフィットを実現するために必要なものごとを具体的に記述します。例えば**「世界中のカリスマトレーナー500人と契約し、10000とおりのコースを用意する」**といった内容です。最短5分から最長で1時間までの多彩なコースを取り揃え、オンデマンドで24時間利用可能にしましょう。こうすればユーザーは1日の隙間時間を有効活用することができますね。

サブ・ベネフィット②

　動画を見ているだけでは飽きてしまうという人のために、**「家でパーソナルレッスンが受けられる」**というベネフィットも用意したいところです。これを実現するための技術的根拠として、まずユーザーとインストラクターをつなぐ「カメラ」が必要になります。またユー

ザーの「**動作や姿勢を評価するソフトウェア**」があれば遠隔のトレーナーもアドバイスをしやすくなるでしょう。

サブ・ベネフィット③

　ジムのような「**励まし合えるコミュニティ**」も必要ですね。同じコースに参加する仲間と知り合い、つながり、お互いの進捗を競い合うことができれば、続けるモチベーションをつくることができます。「**モバイルアプリを用意してSNS機能を提供**」することにしましょう。

その他

　その他にも音楽ストリーミングサービスと連携してトレーニング中にプレイリストを呼び出せる仕組みや、エクササイズの記録を残し目標達成するごとにインセンティブがある仕組み、またミラーのクリーニンググッズの販売など、考慮すべき点があるでしょう。こうした、コンセプトとのつながりが弱くても大切なディテールは「その他」の項目にまとめて記入しておきます。

　ここまでの考察を記述して完成させたパーフェクトミラーのコンセプトシートが次ページの図6-5です。

　イメージの項目に描いたのは、ユーザーがインストラクターと向き合いながら、同時に自分の姿を鏡で見ているというシーンです。部屋がジムになる体験を、人を中心にして示しています。

　4Cから構成された基本ストーリーを膨らませることで、商品の構想が具体化されました。一番上のターゲットから読んでみてください。円滑にプレゼンができるはずです。

図6-5. パーフェクトミラーのコンセプトシート

TARGET | ターゲット

30代　都市部　共稼ぎの男女

INSIGHT | インサイト

ジムに行くお金はあるけど時間はない

CONCEPT | コンセプト

あなたの部屋をジムにする。

IMAGE | イメージ

KEY BENEFIT | 便益

鏡で自分の姿を見ながら
トレーニングできる

FACT | 技術・製法・素材など

ミラー型ディスプレイ

鏡として姿を映しつつ、同時に明瞭な映像を投写する

SUB BENEFIT | 便益

自分に合ったメニューを
24時間楽しめる

FACT | 技術・製法・素材など

500人のカリスマインストラクター
10000とおり以上のオンデマンドメニュー

SUB BENEFIT | 便益

家で受けられる
パーソナルトレーニング

FACT | 技術・製法・素材など

カメラと動作認識のソフトウェア

SUB BENEFIT | 便益

励まし合えるコミュニティ

FACT | 技術・製法・素材など

モバイルアプリを通じた
ソーシャルネットワーキング機能

OTHERS | その他

・音楽配信サイトと連携
・エクササイズを記録し、目標を超えるとインセンティブ
・鏡のクリーニングキットの販売

ミニワーク①
静かな掃除機　エアリーズ

　腕試しにミニワークに取り組みましょう。題材とするのは、架空の掃除機ブランドの新商品「エアリーズ」です。開発者のコメントと競合商品「Z」ユーザーのコメントなどをヒントに、コンセプトシートの空欄を埋めてみましょう。

ヒント#1　エアリーズ開発者のコメント

　最新型エアリーズの最大の売りは、掃除中の騒音を減らす「サイレントパワーテクノロジー」です。特許技術で騒音を40dB以下に抑えました。これは日本一の静音性です。また「エアロバキュームシステム」は毎分10万回転する小型モーターでゴミを吸い込みます。実験では、99%のピックアップ率を記録。フローリングの床には、ほとんどチリやゴミを残さないということを意味しています。また、360°回転する「なめらかローラー」搭載で取り回しにも優れています。小さいお子さんがいる家族、特に共稼ぎのご夫婦にはとても使いやすいのではないでしょうか。

ヒント#2　ライバル製品のユーザーインタビュー

　男性ユーザー：*パワフルな吸引力で知られる「他社製品Z」を使って3年になります。吸引力には大変満足しています。小さい子がいて床でハイハイしたり、落ちているものを口に入れてしまったりするので、ホコリなどを残したくないんです。*

　女性ユーザー：*「他社製品Z」を使っています。掃除のメイン担当は夫です。掃除機をかけてくれるのは助かるのですが、ときどき夫の無神経さにイライラすることがあります。赤ちゃんが寝ているときに掃除機をかけて起こしてしまったり、私がリモート会議をしているときにたまたま時間が*

第6章　コンセプトを「最適化」する

できたのか、爆音で掃除を始めたり。掃除機を替えたら解決するものなのでしょうか。

　女性ユーザー2：「他社製品Z」はとてもパワフルな掃除機で助かっています。夫婦2人とも働いているので、毎日掃除できるわけではありません。だから1回の掃除でとことんキレイにしたいわけです。難点があるとすると掃除機が私には重たく感じられて…疲れてしまうんですよね。片手でスイスイ使えたらいいのですが。

ヒント#3　インサイト＆コンセプト

　2つのヒントからインサイトとコンセプトを以下のように導き出しました。コンセプトシートの残りの要素を埋めてみましょう。

・ターゲット：**小さな子どものいる共稼ぎの夫婦**
・インサイト：**パワーは欲しいけど、うるさいのは嫌**だ
・コンセプト：**吸引力に図書館並みの静けさを**

図6-6. エアリーズのコンセプトシート

TARGET ｜ ターゲット	INSIGHT ｜ インサイト
小さな子どものいる共稼ぎ夫婦	パワーは欲しい（けれど）うるさいのは嫌だ

CONCEPT ｜ コンセプト

吸引力に図書館並みの静けさを。

IMAGE ｜ イメージ

KEY BENEFIT ｜ 便益	FACT ｜ 技術・製法・素材など

SUB BENEFIT ｜ 便益	FACT ｜ 技術・製法・素材など

SUB BENEFIT ｜ 便益	FACT ｜ 技術・製法・素材など

OTHERS ｜ その他

■■ ミニワーク①の解説

　コンセプトに合わせて、ベネフィットとファクトを抽出して整理できるかどうかを確認するのがミニワーク①の目的でした。

　新型エアリーズのコンセプトは「**吸引力に図書館並みの静けさを**」ですから、第1のベネフィットには静けさにまつわるベネフィットを書きましょう。ユーザーインタビューから掃除の音で赤ちゃんを起こしてしまうのは夫婦にとって大きな生活上の問題になっていることが分かります。「**寝ている赤ちゃんを起こさない**」ことがターゲットにとってはなにより嬉しいベネフィットになりそうですね。他にも「**リモートワークを邪魔しない**」や「**家族の作業を妨げない**」などと書くこともできるでしょう。こうした静けさを支えるファクトが「**サイレントパワーテクノロジー**」でしたね。特許技術で騒音を40db以下に抑えています。40dBはちょうど図書館と同程度の騒音値です。

　2つ目のベネフィットに選ぶなら「**安心してハイハイできる床**」にできるでしょう。夫婦ともに忙しいとするならば、こまめに掃除ができないからこそ1度の掃除でゴミを取り切りたい、という気持ちはよく分かります。技術的な裏付けとしては毎分10万回転のモーターでゴミを吸い込む「**エアロバキュームシステム**」がありますね。

　そして3つ目に「**片手でスイスイ軽い取り回し**」を記入しておきましょう。これは360°回転する「**なめらかローラー**」が実現する便益です。

　イメージには寝ている赤ちゃんの隣で掃除をしているシーンを描きました。仕事の合間、赤ちゃんが寝ている隙に掃除ができる。この掃除機だけが実現できる「喜びの瞬間」を捉えています。

図6-7. エアリーズのコンセプトシート

TARGET	ターゲット	INSIGHT	インサイト
小さな子どものいる共働き夫婦	パワーは欲しい（けれど）うるさいのは嫌だ

CONCEPT | コンセプト

吸引力に図書館並みの静けさを。

IMAGE | イメージ

KEY BENEFIT	便益	FACT	技術・製法・素材などの根拠
寝ている赤ちゃんを起こさない	「サイレントパワーテクノロジー」 特許技術で40dB以下

SUB BENEFIT	便益	FACT	技術・製法・素材などの根拠
安心してハイハイできる床へ	「エアロバキュームシステム」 10万回転のモーターでゴミを吸引 99%のピックアップ率

SUB BENEFIT	便益	FACT	技術・製法・素材などの根拠
片手でスイスイ軽い取り回し	360°回転する「なめらかローラー」搭載 追従性や方向転換性能を高めた

OTHERS | その他

　次のミニワークでは、ヨーグルトの新商品コンセプトを考えてみます。以下の文章は開発者の説明をそのまま書き起こしたものですが、どうやらまだ開発する内容を構造的に整理できていないようです。取材で聞き取った内容を、コンセプトシートを使って整理してください。

新ヨーグルト「クリーミーナイト」
商品開発担当者の説明

　新商品「クリーミーナイト」には、リンゴやオレンジ、ストロベリーなど国産のフルーツをふんだんに使用していますから、食べ応えは満点です。またヨーグルトもまるでカスタードのような味わいを実現する特別な製法を導入しました。本格スイーツのように食べていただけます。一方で、低脂肪乳を使いつつ糖分の使用を最小限にすることで食べ応えのわりにカロリーは随分と低く抑えられています。品質にこだわり抜いた分、価格は300円以上と強気に設定しています。

　ターゲットは20代後半から30代の働く女性。社会で活躍する女性ほど、1日の終わりにご褒美が欲しいと考えているという独自の調査結果があります。彼女たちは健康意識が高く、夜のスイーツに罪悪感を覚えていることも分かってきました。それも今回の新商品にとってはチャンスだと考えています。カロリーゼロのスイーツなどはすでに数多くマーケットに投入されていますが、どこか味気なく、食べ応えが足りないという声が寄せられています。

　また弊社の研究開発の実験によれば、ヨーグルトを夜に食べると朝のお通じが改善するという結果が得られています。我々のヨーグルトに含まれ

る特別な乳酸菌が、私たちが眠っている間に腸内環境を整えるようなのです。詳しいデータは近く発表するとのことです。

　以上のことを踏まえて、クリーミーナイトのコンセプトは「目覚めを変える夜のヨーグルト」としました。腸内環境が変わることで、美容効果もありますし、睡眠も深くなるという効果も知られています。

■ ミニワーク②の解説

　コンセプトシートが役立つのはコンセプトをゼロから構想するときだけではありません。すでに固まりつつあるアイデアや企画内容を整理するためにも使えます。このミニワークでは、コンセプトシートを埋めるために必要な内容はすべて担当者が話してくれています。

　まずはターゲットとインサイト、そしてコンセプトを見つけましょう。それぞれ文中に散らばっていますが、ターゲットは**「20代後半から30代の働く女性」**とあります。インサイトに関わる箇所として、2つの記述が見つかるでしょう。ひとつは「1日の終わりにご褒美が欲しい」ということ。もうひとつは「夜のスイーツには罪悪感がある」という内容です。罪悪感を感じているのは健康意識からで、主にカロリーを気にしていることが読み取れます。これらの内容を踏まえて、インサイトの構文に当てはめるならば**「1日の終わりにご褒美は欲しいけれど、カロリーは気になる」**と表現できますね。コンセプトは最後の1行に明示されています。**「目覚めを変える、夜のヨーグルト。」**です。

　次に主要なベネフィットを特定します。文中には主に3つのベネフィットが書かれていました。まず1つ目が**「大満足の食べ応え」**です。これを支えるファクトとして**「ふんだんな国産フルーツ」**やヨーグルトを**「カスタードのように仕上げる独自の製法」**が挙げられてい

ます。

　次に満足度に対して**「カロリー控えめ」**であるというポイントが重要なベネフィットになります。その実現のために**「低脂肪乳」**を使用し**「糖分を最小限に抑える」**という製造法が選択されています。

　3点目に、夜にヨーグルトを積極的に食べる理由として**「便秘予防につながる」**ことを挙げておきましょう。**「睡眠中に腸内環境を整える効果」**に関して独自のエビデンスが出せるということなので、これが便益を支えるファクトになります。

　イメージには、夜にパジャマ姿でヨーグルトを食べる女性の至福の表情を描きました。朝の目覚めとともに食べる、典型的なヨーグルトの対になるシーンです。21時を示す時計も重要な小道具ですね。

　1枚でまとめるコツを掴むことはできたでしょうか。本書で紹介したコンセプトシートは業界をまたいで使える普遍的な内容です。しかしそれでも、このままでは使いづらい企業や業態もあるでしょう。その場合は、項目を加えたり、差し引いたりして独自のコンセプトシートをつくってください。ただし、できる限り複雑にならないように心がけましょう。また、項目を追って順番に読むだけでストーリーになるように構成するのもポイントです。

　こうして商品やサービスのコンセプトが決まり、開発の目処が立つ頃、多くの企業はその需要性を確かめる市場調査の準備を始めます。そのときに必要になるのが、次に説明するマーケティングコンセプトです。

図6-8. クリーミーナイトのコンセプトシート

TARGET ｜ ターゲット	INSIGHT ｜ インサイト
20代後半から30代の働く女性	1日の終わりにご褒美が欲しいけれど、カロリーは気になる

CONCEPT ｜ コンセプト

目覚めを変える、夜のヨーグルト。

IMAGE ｜ イメージ

KEY BENEFIT ｜ 便益	FACT ｜ 技術・製法・素材などの根拠
大満足の食べ応え	国産フルーツをふんだんにヨーグルトをカスタードのように仕上げる独自の製法

SUB BENEFIT ｜ 便益	FACT ｜ 技術・製法・素材などの根拠
カロリー控えめ	低脂肪乳糖分は最小限に

SUB BENEFIT ｜ 便益	FACT ｜ 技術・製法・素材などの根拠
便秘予防につながる	眠っている間に腸内環境を整えるという調査結果習慣化により目覚めをすっきりと

OTHERS ｜ その他

腸内環境を整えることで美肌効果、および、睡眠の質の改善も見込まれる

第6章 コンセプトを「最適化」する

243

6-2

マーケティングコンセプト

■ 「試作品」を書く

　一般的な市場調査の手法のひとつにコンセプト文を読んで、顧客の反応をうかがうという形式のものがあります。もちろん試作品が手元にある場合は、実際に使ってもらうほうが話が早いのですが、開発前や途中段階ではその手は使えません。仮に完成していたとしても、例えばシャンプーや飛行機のシートの場合、多くの人にその場で利用してもらうのは難しいですよね。

　そこでコンセプトシートをベースにした「平易な文章」を消費者に提示するという手法がとられることがあります。これは言わば**「読む試作品」**。通常はまず少人数を対象にした定性調査を行い、その反応を元に文章に手を加えた上で、定量調査に進みます。

　市場調査には一長一短があります。第4章でも触れたとおり、どうしても既視感があるものに対して高いスコアが出る傾向がありますし、実際に使ってみなければ本当の良さは分からないことも事実です。スマートフォンが北米で出回り始めた頃、日本では「なんでケータイとパソコンを一緒にする必要があるんだ？」「流行るわけない」「馬鹿げている」という声が上がりましたが、その後どうなったかは皆さんがよく知るとおりです。

　調査結果だけを信じて、すべてを判断するのは危ういと言わざる

を得ません。しかしながら顧客の視点から思わぬ落とし穴を回避したり、より良いものにする気づきを得たり、と目的を明確にするならば意味あるプロセスになり得ます。

　マーケティングコンセプトを書く上で気をつけたいのは以下の3つのポイントです。

1　顧客（ユーザー）目線で書く
　社内でしか通用しない表現や難しい単語は極力避ける

2　コピーライティングしすぎない
　内容を伝える機能的な言い回しを心がける

3　200〜300文字に収める
　読むのをためらわない分量でまとめる

　1点目は当然としても、2点目には注意が必要です。確認したいのはあくまで商品・サービスの魅力であって文章の魅力ではありません。顧客目線で書くという次元を超えて、コピーライティングに凝りすぎると、本来評価したいものが適切に評価できなくなることに留意してください。また苦労なく読める文字数に抑えることも大切です。

　では、具体的にどのような構造で文章を書くべきでしょうか。実は、基本的な構造はすでにもうコンセプトシートで完成しています。次ページの図6-9をご覧ください。

図6-9.

CONCEPT & NAMING

1行のコンセプト ＋ 商品名

IMAGE

顧客を中心としたイメージ

TEXT

インサイト
↓
（競合）
↓
キーになるベネフィット ／ ファクト
↓
サブ・ベネフィット ／ ファクト
↓
サブ・ベネフィット ／ ファクト
↓
ダメ押し

まず、コンセプトシートで使用したイメージとコンセプトはそのま
ま転記します。そして下部のスペースで、インサイトからベネフィッ
トまでの流れをつないだ文章を記入します。

　文章の冒頭、まずは「インサイト」で顧客の共感を得ます。場合に
よっては競合の商品やサービスが「できていないこと」や顧客から
「物足りない」と思われている内容を続けて書いても良いでしょう。
次に問題提起に対する解決策として、ベネフィットを根拠（ファクト）
とともに提示します。そしていくつかの副次的なベネフィットにも触
れて、最後にコンセプトにつながるダメ押しの言葉で締めくくりま
す。

　コンセプトシートを作成した「パーフェクトミラー」、掃除機「エ
アリーズ」、ヨーグルト「クリーミーナイト」の3つを文章化してみ
ましょう。例文は以下に示しておきますので、ご自身の書いたものと
読み比べてください。苦手な方は、いきなり文章を書こうと考えるよ
りも以下にある「パーフェクトミラーの例文」のように、パーツごと
に文章化し、その後に自然なつながりを検討するという手順で進める
のがいいでしょう。

パーフェクトミラーの例文
インサイト
ジムに行くお金はあっても時間はない。
忙しいあなたには「パーフェクトミラー」を。

キーベネフィット
ミラーとディスプレイが一体になっていますから、
鏡で自分の姿を見ながらトレーニングできます。

サブ・ベネフィット①

500人のカリスマトレーナーによる10000を超えるメニューを用意。24時間いつでもレッスンを受けられます。

サブ・ベネフィット②

遠隔でパーソナルトレーナーをつけることも可能です。カメラと動作認識システムで、あなたに適切なアドバイスを届けます。

サブ・ベネフィット③

続けられるか不安なあなたは、モバイルアプリで仲間とつながってみませんか。お互いに切磋琢磨する環境は、あなたのモチベーションになるはずです。

ダメ押し

さぁ、自宅を最寄りのジムに。新しい健康習慣を始めましょう。

こうして構造を分解して書いていけば、論理を破綻させることなく全体を書き上げることができます。同様の作業をエアリーズやクリーミーナイトでも試してみてください。

■ パーフェクトミラーの例文

図6-10.

CONCEPT & NAMING

あなたの部屋をジムする。パーフェクトミラー

IMAGE

TEXT

ジムに行くお金はあっても時間はない。
忙しいあなたには「パーフェクトミラー」を。

ミラーとディスプレイが一体になっていますから、
鏡で自分の姿を見ながらトレーニングできます。

500人のカリスマトレーナーによる10000を超えるメニューを用意。
24時間いつでもレッスンを受けられます。

遠隔でパーソナルトレーナーをつけることも可能です。
カメラと動作認識システムで、あなたに適切なアドバイスを届けます。

続けられるか不安なあなたは、モバイルアプリで仲間とつながってみませんか。
お互いに切磋琢磨する環境は、あなたのモチベーションになるはずです。

さぁ、自宅を最寄りのジムに。新しい健康習慣を始めましょう。

■■■ エアリーズの例文

図6-11.

CONCEPT & NAMING

吸引力に図書館並みの静けさを。エアリーズ

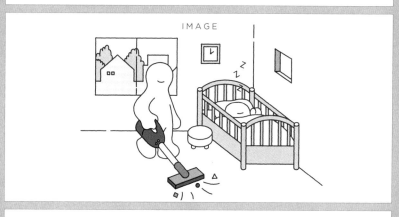

IMAGE

TEXT

掃除機にはパワーが欲しい。けれど、うるさいのは嫌だ。
そんな葛藤に悩むのはもう終わりです。

新型掃除機エアリーズは「サイレントパワーテクノロジー」で
図書館並みの静けさを実現しました。
これなら寝ている赤ちゃんだって、起こしません。

もちろんパワーも圧倒的。
「エアロバキュームシステム」は毎分10万回転のモーターでゴミを吸い込みます。
99%のピックアップ率。
安心してハイハイできる床になります。

さらに片手でスイスイ、軽い取り回し。
360°回転する「なめらかローラー」で掃除が楽しくなるはずです。

エアリーズで、あなたの部屋に清潔と静けさを。

■ クリーミーナイトの例文

図6-12.

CONCEPT & NAMING

目覚めを変える、夜のヨーグルト。クリーミーナイト

IMAGE

TEXT

1日の終わりにご褒美が欲しいけれど、カロリーは気になる。
そんな葛藤に悩むあなたに、目覚めを変える夜のヨーグルトの提案です。

クリーミーナイトはカスタードのようにつくられたヨーグルトに、
国産フルーツがてんこ盛り。
あなたをきっと満足させるでしょう。

けれど脂肪分も糖分も抑える特別な製法で、
満足度に比べてカロリーは驚くほど低く抑えました。

眠る3時間前に食べておけば、
眠っている間に腸を整え、快適な朝を迎えられます。

夜にうっとりする時間が、朝のスッキリをつくる。
贅沢で健康な夜の習慣を、始めませんか?

市場調査で好反応が得られれば、めでたく商品・サービスがローンチされることでしょう。その際にはまた広告コンセプトの調査をすることがあります。基本的な仕組みは変わりませんが、広告の調査の場合はキャッチコピーやイメージビジュアル、CMのストーリーボード自体を問題とします。言葉づかいのひとつひとつが評価対象になることを意識しましょう。

6-3

バリュー：
組織を束ねる行動原則

■ 鬼を倒したミッション・ビジョン・バリュー

　商品開発は1枚のシートに、マーケティングはひとつの文章に。コンセプトを最適化し具体化するプロセスについて解説してきました。本章ではもうひとつ、バリューについて考えていきたいと思います。バリューとは**「組織で共有すべき価値観と行動原則」**を意味します。社員やチームメンバーの誰もが覚え、理解し、毎日の判断や行動の基準にできる言葉でなくてはなりません。形式としては**「短くて印象的な複数のフレーズ」**が最適解になります。

図6-13.　　　　　　　**桃太郎とMVV**

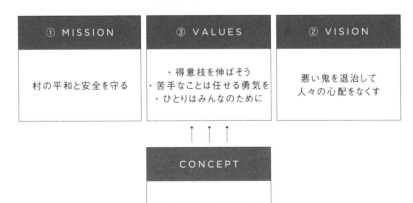

第6章
コンセプトを「最適化」する

253

前ページの図6-13は第4章で触れた桃太郎の構造にバリューを加えたものです。悪い鬼を退治して人々の心配をなくすというビジョンを実現するために、コンセプトを「違いをチカラに変えていく」と定めました。ケタ違いの力を持つ鬼に勝つために、異なる強みを持った戦士を集めて組織力で戦うことを示したのです。

　しかし、皆さんが猿や犬だったらどうでしょう。「違いをチカラに変えていく」だけでは具体的に日々どのように振る舞うべきか、までは理解できませんよね。そこで、**ひとりひとりがなにを考えてどのように行動するべきなのかを示すバリューが必要**になるのです。

　桃太郎たちがビジョンやバリューを話し合っていたかどうかは定かではありません。しかし、もしも言語化していたならば、次のような3つのバリューで行動原則を表現したのではないでしょうか。まず第1に、ひとりひとりの**「得意技を伸ばす」**ことです。犬は犬の武器を、猿は猿の強みを磨くことを推奨するのです。そして第2のポイントとして**「苦手なことを任せる勇気」**を挙げます。自分の弱みを知り、認め、仲間に任せる。それができて初めてお互いの強みを活かす環境が生まれます。以上の2つを前提として最後に必要なのは**「ひとりひとりがみんなのために」**戦うという意識を持つということです。

　鬼との最終決戦は、こうした3つのバリューが結実した瞬間でした。犬が鬼の足に噛みつき、キジが目をつつき、猿が身体中をひっかき、最後に桃太郎が鬼を投げ飛ばします。ひとりひとりがみんなのために捨て身で得意技を仕掛け、見事に「違いをチカラにする」ことで勝利を得たのです。

■ バリューの条件

　バリューになる言葉には3つの条件があります。

条件1　簡単に

ダラダラ書かず最低限の文字数にまとめましょう。

条件2　明確に

できる限り具体的に書きましょう。

条件3　覚えやすく

韻やリズムを大切に読みやすく、覚えやすく書きましょう。

例えばメルカリは以下のような3行でバリューを表現しています。簡単で明確でリズム良くできていますね。

Go Bold － 大胆にやろう
All for One － 全ては成功のために
Be Professional － プロフェッショナルであれ

　タクシー配車アプリを運営するGO株式会社は「移動で人を幸せに。」というミッションと、「あらゆる人やモノがストレスなく移動できる社会をつくる」というビジョンを掲げ、それらを成し遂げるためのバリューを自動車の4つの車輪になぞらえて「4 WHEELS」として一般に公開しています。

　・全方よしを考える。
　・コトに向かって走れ。
　・共闘が一番燃える。
　・挑戦と利益がエンジン。

　順番に「方向」「走り」「燃料」「エンジン」と内容自体もクルマのメタファーになっています。このようにバリュー同士の関連を持たせることも理解しやすくする工夫のひとつです。

■ バリューをつくる3つのステップ

　次に、バリューをつくる手順について説明していきましょう。コンセプトは大抵の場合、ひとりによって生み出され多数によって磨かれるというプロセスをたどりますが、社員全員の日常に関わるバリューの選定の場合には最初から最後までワークショップやグループワークの形式をとる傾向があります。その際、**①発掘 ②選定 ③言語化**の3つのフェーズに分けて進行するのが一般的です。

　図6-14はバリューをつくるプロセスをまとめたものです。まず最初はシートの左側にある①「発掘」から始めます。バリューとして言語化するべき行動や思考を洗い出します。その際のポイントは今後「残すべき行動」と「変えるべき行動」に仕分けして記述するということです。

図6-14.

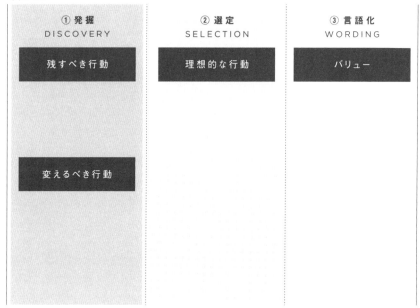

続く②「選定」のフェーズでは「残すべき行動」はそのまま、「変えるべき行動」は中央列で理想的な行動に書き換えます。次にビジョンやミッションと照らし合わせたり、相互の関連性を配慮したりしながら、絞り込んでいきます。多すぎても頭に入りません。最大でも8つほどでまとめることが多いようです。

最後の③「言語化」のフェーズでは、簡単に明確で覚えやすくという3条件を意識しながら言葉を仕上げていきます。

■ バリュー策定プロジェクトの進め方

架空の証券会社「芝山証券」のバリューを決める、という設定で具合的な策定プロセスを確認しましょう。

芝山証券は長い歴史を持つ老舗ですが、その分、企業体質が古く官僚的でスピード感に乏しいという課題がありました。世界を見渡せばフィンテックなどを駆使した新たな投資サービスが次々と生まれてきています。芝山証券は伝統にあぐらをかくのではなく、自らを現代的な証券会社にするべく手を打ち始めました。その中のひとつが企業文化の変革だったのです。芝山証券は部署横断のプロジェクトチームをつくり、バリューを見直すプロジェクトに着手しました。

バリューの「発掘」
残すべきことと変えること

チームはまず「残すべき行動」から議論を始めました。芝山証券の社員には創業以来、顧客のことを第一に考えてきたという自負があります。どんな時代にも**「お客様ファーストの姿勢」**は変えてはいけないだろうということを確認しました。また取引がデジタル化された時代だからこそ**「時間をかけて信頼を築く」**ことや現場やお客様のもとへ行き**「足を使って稼ぐ」**ことが価値を生むのではないか？ という意見も出てきました。

図6-15.

残すべき行動	理想的な行動	バリュー
お客様ファーストの姿勢 時間をかけて信頼を築く 足を使って稼ぐ		
変えるべき行動		
人脈に頼りすぎている ビジネスのスピードが遅い 前例を大切にしすぎている 官僚主義的で柔軟性に乏しい 個々人を犠牲にしている		

　次に話し合われたのは「変えるべき行動」です。議論は非常に盛り上がりましたが、最終的には5つのポイントに集約されました。まずは**「人脈に頼りすぎている」**こと。これは真っ先に変えなくてはならないという意見で一致しました。そして**「ビジネスのスピードが遅い」**ことや**「前例を大切にしすぎている」**こと、**「官僚的で柔軟性に乏しい」**文化や、会社のために**「個々人を犠牲にする」**風潮も改めるべきだとされたのです。こうした議論の結果は図6-15のようにまとめられました。

バリューの「選定」
未来につながる行動を選ぶ
　次に「変えるべき」とされた行動を、理想的な行動に書き直していきます。「人脈に頼りすぎている」という内容は、**「データを使いこなす」**という行動に書き換えました。同様に「スピードが遅い」という問題点は**「スタートアップみたいな速度で」**に、「個々人を犠牲にしている」は**「まず自分が楽しいこと」**に、それぞれ目指す理想を明ら

かにする言葉にしています。

図6-16.

残すべき行動	理想的な行動	バリュー
お客様ファーストの姿勢 時間をかけて信頼を築く 足を使って稼ぐ	お客様ファースト 時間をかけて信頼を築く 足を使って稼ぐ	
変えるべき行動		
人脈に頼りすぎている ビジネスのスピードが遅い 前例を大切にしすぎている 官僚主義的で柔軟性に乏しい 個々人を犠牲にしている	データを使いこなす スタートアップみたいな速度で 前例主義はやめる 官僚主義は敵だと考える まず自分が楽しいこと	

いま、図6-16の中央列にはチームが理想とする行動が網羅されていることになります。議論すべきことが出揃っていることを確認したら、選定作業に入ります。芝山証券が現代的な証券会社として生まれ変わるために、本当に必要な行動や考え方はどれでしょうか。

8つの内容を一覧すると、チームがまだ古い考えと新しい考えで葛藤していることに気がつきます。特に「時間をかけて信頼を築く」と「足を使って稼ぐ」という内容は、過去の成功体験を引きずっているようですね。お客様によっては対面でのやりとりを面倒に思う方もいるかもしれませんし、長期的な関係など不要かもしれません。足を使うことや、時間をかけて関係を築くことは「お客様ファースト」という考えとは矛盾する可能性がある。結局、プロジェクトチームは2つの行動を削除することに決めました。

チームが見つけたもうひとつの問題は「前例主義」と「官僚主義」という、似通った言葉が並んでいることです。どちらがより根本的で重要なのかを話し合うことにしました。結果、官僚的な組織構造そのものよりも「前例がないものを認めない価値観」こそが問題だと判断し、「前例主義をやめる」という1行を残すことにしました。

　こうして **「お客様ファースト」「データを使いこなす」「スタートアップみたいな速度で」「前例主義はやめる」「まず自分が楽しいこと」** という5つが採用されることになったのです。

バリューの「言語化」
簡単に明確に覚えやすく

　最後は、より印象に残る言葉に磨き上げる作業です。5章で学んだ1行化する言語技術を活用してください。

1　お客様ファースト

　意味は正しいのですが、ありきたりな言い回しです。プロジェクトチームは、先代の芝山証券社長による発言「社長より顧客のほうが偉い」を参考に **「社長より顧客が優先」** という言葉に書き換えました（比較強調法）。このように組織の中で名言や格言として広まっているものや、口癖になっている言葉などを探すこともバリューを規定する上では有効です。

2　データを使いこなす

　これまで頼ってきた人脈からデータを活用するビジネスへの変革です。この場合は、人脈という比較対象を持ち出すほうが変化の方向を伝えやすくなるでしょう。比較強調法を活用すれば **「人脈よりデータを使おう」** という表現になります。

3　スタートアップみたいな速度で

　規模よりスピードを大事にする組織へ。すでにスタートアップに喩

えるメタファー法になっているため、目指す姿が明確です。このまま最終化して良いでしょう。

4　前例主義はやめる

　矛盾法を使えば、より強い印象をつくることができそうです。「前例がない」から「やめる」のがかつての当たり前だとしたら、「前例がない」から「やってみる」という組み合わせにすれば目指す方向にふさわしい言葉になるでしょう。**「『前例がない』は挑む理由」**という言葉に仕上げました。

5　まず自分が楽しいこと

　「まず自分が楽しいこと」という内容は、1つ目にあった「顧客が優先」という考えと概念的には矛盾してしまいます。そこで言い回しを工夫し**「顧客も自分も満たせる仕事を」**と表現しました。バリューはひとつひとつの言葉を単体で考えるだけでなく、相互に矛盾しないか、並んだときに混乱させないか、全体で見直す必要があるのです。

図6-17.

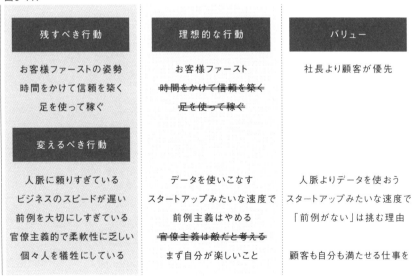

残すべき行動	理想的な行動	バリュー
お客様ファーストの姿勢 時間をかけて信頼を築く 足を使って稼ぐ	お客様ファースト ~~時間をかけて信頼を築く~~ ~~足を使って稼ぐ~~	社長より顧客が優先
変えるべき行動		
人脈に頼りすぎている ビジネスのスピードが遅い 前例を大切にしすぎている 官僚主義的で柔軟性に乏しい 個々人を犠牲にしている	データを使いこなす スタートアップみたいな速度で 前例主義はやめる ~~官僚主義は敵だと考える~~ まず自分が楽しいこと	人脈よりデータを使おう スタートアップみたいな速度で 「前例がない」は挑む理由 顧客も自分も満たせる仕事を

以上、架空の企業、芝山証券を通してバリューをつくるプロセスを解説してきました。バリューに関しては最終的な言葉選びももちろん大切ですが、取捨選択していくプロセスにも重要な意味があります。なにを選び、なにを捨てるのか。議論をするときに個人の価値観が炙り出されます。意見が対立することもあるかもしれません。しかしその健全な衝突こそが、企業の人格や文化をつくる礎になります。どうか恐れずにぶつかり合い、新しい価値観を生み出してください。

■ ＭＶＶとＭＶＣの使い分けについて

第4章ではミッション・ビジョン・**コンセプト**の「MVC」、そして本章ではミッション・ビジョン・**バリュー**の「MVV」をそれぞれフォーマットとして解説しました。どちらも基本的なストーリー構造は同じです。その分、現場で活用するときに混乱が生じるようで、この2つをどのように使い分けるのか？ としばしば尋ねられることがあります。

結論から言えば、**なにかを生み出すときはコンセプトに落とし込む「MVC」を、組織の行動を束ねたり変えたりしたいときにはバリューにつなげる「MVV」を活用**するものだと考えてください。

バリューとコンセプトの違いを改めて解説しておきましょう。あなたの会社・組織・ブランドは「なにを信じてどのように行動しているんですか？」という問いに答えるのがバリューです。行動原則や行動指針と言い換えられます。一方で「これからなにをつくろうとしているんですか？」という問いに答えるのが「コンセプト」です。

スターバックスのコンセプトは「第3の場所」ですが、その理想を実現するための行動指針として、「お互いに心から認め合い、誰もが自分の居場所と感じられるような文化をつくります。」や「勇気をもって行動し、現状に満足せず、新しい方法を追い求めます。スター

バックスと私たちの成長のために。」といったバリューを公開してい
ます。

　なにをつくるかを決めるMVC。どのように行動するかを定める
MVV。シーンに合わせて2つを上手に使い分けましょう。

☑ プロダクトの開発コンセプトは 「1枚」でまとめる

- ・インサイト・コンセプト・ベネフィットが基本の骨子。
- ・スケッチはものではなく「ひと」を中心に描くこと。
- ・便益とファクトはセットでリストアップする。

☑ マーケティングコンセプトは 「1文」でまとめる

- ・顧客(ユーザー)目線で書くこと。社内でしか通用しない表現や 難しい単語は避ける。
- ・コピーライティングしすぎないこと。機能的な言い回しを心がける。
- ・200〜300文字に収めること。読むのをためらわない分量で まとめる。

☑ バリューは数行の「単文集」としてまとめる

- ・簡単に。ダラダラ書かず最低限の文字数にまとめる。
- ・明確に。できる限り具体的に書く。
- ・覚えやすく。韻やリズムを大切に読みやすく覚えやすく書く。

☑ MVCとMVVの使い分け

- ・何かを生み出すときはコンセプトに落とし込む「MVC」を活用する。
- ・組織の行動を管理したいときにはバリューにつなげる 「MVV」を活用する。

理解を深める
Q & A

　講義の中で寄せられる代表的な質問をピックアップしました。あらかじめ質問の内容をリスト化しておきます。

Q1 パーパスとビジョンはなにが違うのか？
Q2 ミッションと経営理念はなにが違うのか？
Q3 数字が大事な企業でコンセプトはどう役立つのか？
Q4 ブランド、商品、コミュニケーション。
　　　それぞれのコンセプトはなにが違うのか？
Q5 コンセプトは個人で書くかチームで書くか？
Q6 コンセプトメイキングを上達させるトレーニングはあるか？

　明確に正解が出せるほど単純な問いはひとつもありませんから、答えには異論もあるでしょう。議論を深めるために、ここでは「考えるプロセスをできる限り明示しながら」お答えします。

Q1 「パーパス」という言葉を最近よく目にします。ビジョンとなにが違うのでしょうか？

━ そもそもなぜ企業はパーパスを必要としたのか

　パーパスという言葉が頻繁にビジネスで使われるようになったのは2010年代半ばのことです。日本では2019年に「ダイヤモンド・ハーバード・ビジネス・レビュー」がパーパスの特集を組んだ頃には、日常的に使われる言葉になりました。筆者も2021年の4月にオンライン開催されたAdvertising Week Asiaのセミナーで「パーパス」の流行が

日本企業のコミュニケーションに与えた功罪をテーマに議論したことを記憶しています。2019年に流行のピークを迎え、2021年には振り返りが行われるほど落ち着きを見せた、もしくは、定着したと言えるでしょう。

　ではこのパーパスは、旧来から存在するビジョンとなにが違うのでしょうか。新しい言葉を理解するためには「意味」と「文脈」の2つの側面から考える必要があります。

　まずは意味です。これまでに様々な定義がなされましたが、結局のところ企業や組織の「存在意義」とシンプルに理解するのが良さそうです。先述のダイヤモンド・ハーバード・ビジネス・レビューは、特集の副題として**「会社は何のために存在するのか。あなたは何故そこで働くのか」**という言葉を掲げていました。まさにその問いに答えを出すことこそが、パーパスを考える作業にほかなりません。本書が定義するミッションに極めて近しい概念であると考えられます。

　パーパスは利他的で、ビジョンやミッションは利己的なものであると指摘する人もいます。私としては同意しかねます。パーパスという言葉が生まれるはるか前から、起業家は公益的な志をビジョンやミッションとして提示してきました。公共性や社会性をパーパスの専売特許にするのは、いくらなんでも流行り言葉を担ぎ上げすぎでしょう。

　ではなぜ「パーパス」が改めてもてはやされるようになったのか。それを理解するためには、この言葉が使われてきた文脈にも目を向ける必要があります。

　パーパスを好んで使うのは、日本でも欧米でも、ほとんどの場合は大企業です。リーマンショック後の2010年代は、世界的に大企業が大きくリストラクチャリングを仕掛けた時期でした。インターネットがものにつながるIoT。大量のデータを用いたビジネスの最適化。ガソ

リンから電気への自動車業界のシフト。ビジネスをデジタルで変革する流れは2020年に向けて大きな潮流となり、コロナ禍で一気に加速しました。この間、大企業の多くは不採算事業から撤退する一方で、M&Aを積極的に行いました。気づけば、多くの老舗企業が、デジタル時代に合わせて事業モデルを大きく変容させていたのです。

　市場で勝てる事業だけを残した結果、財務的には筋肉質になったかもしれません。しかしながら、「自分たちがなんのための会社か？」が説明できなくなってしまうアイデンティティ・クライシスに陥る企業が増えました。いま、目の前にある事業構造に何とか意味を与えられないか？　という問題意識が「パーパス」という言葉と結びついたのです。

目指す星を見つける、ビジョン。根差す大地を決める、パーパス。

　こうした文脈を踏まえてビジョンとパーパスを比較したのが次の図Aです。

（図A）

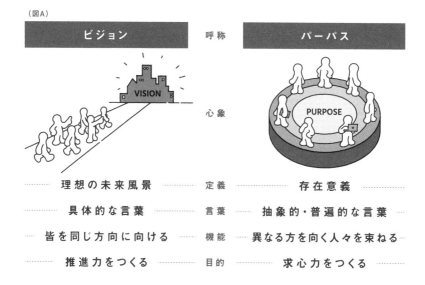

ビジョンは「理想の未来風景」を見せる「具体的な言葉」で「皆を同じ方向に」向けていきます。スタートアップを想定すると分かりやすいですね。一方、パーパスが前提とするのは「皆がバラバラな方向を向いている」という状態です。M&Aを繰り返している大企業を想像してください。ひとつの未来予想図ですべての事業を束ねるのは難しくなっている。そこで目指す未来は異なっていても共通の土台である「存在意義」を「普遍的な言葉」で示し、組織を束ねようとしているわけです。

強引にまとめるなら、ビジョンは「目指すべき星を見つけて推進力をつくる」もので、パーパスは「根差すべき大地を決めて求心力をつくる」ものだ、と言えるでしょう。

しかし読者の皆さんには定義の違いにあまり惑わされるのではなく、「会社はなんのために存在するのか。あなたは何故そこで働くのか」という問いに胸を張って答えられる回答を考えて欲しいと思います。

2019年1月に発表された、ソニーグループのパーパス「クリエイティビティとテクノロジーの力で、世界を感動で満たす」はその好例でしょう。祖業のホームエレクトロニクスから、ゲーム、映画、金融にまで広がり、世界で11万人が働く巨大グループに明確な存在意義を与えました。本書の定義ではミッションの機能を果たす言葉ですが、広がったビジネスを見事に束ねてソニーらしさに昇華させていますね。

Q2 弊社にはミッションは明記されていませんが、経営理念があります。ミッションと理念はどのように違うのでしょうか？

混乱するのも無理はありません。実際のビジネスシーンでは明確な線引きもないまま使われています。はっきり言ってぐちゃぐちゃなの

です。ここでは原理的な定義の違いを解説しておきます。

　本書ではミッションを「組織が担い続ける社会的使命」だとしました。ミッションは「本業」が果たす社会的意味について説明するものです。一方、経営理念は一般的に「経営者の信念や価値観を示すもの」とされています。本業を意味づけるミッションとは違い、経営理念とは「経営者」や「経営スタイル」に紐づくものなのです。

　経営者が「一日一善」という指針を掲げたとしましょう。ゴミを拾うでも、お年寄りに手を差し伸べるでも、なにかひとつ感謝されることをしようという呼びかけです。立派な「経営理念」かもしれません。経営者の信念であり価値観の表れですから。けれど「ミッション」とは呼ぶことはできません。ゴミ拾いや人助けは、本業とは別物だからです。

　また、この経営者は他の企業で経営をしても「一日一善」と唱えるはずです。「心を燃やせ」でもいいし「従業員をみんな幸せに」でもいい。経営理念とは他の企業に経営スタイルとして移植できるものです。けれどもミッションはそうはいきません。本業と深く結びついていますから、全く事業の異なる企業で使っても意味を持たないのです。

　まとめます。

・経営理念は経営者の**価値観**について語り、ミッションは企業の**存在理由**について語る。
・経営理念は**本業と無関係**でも成立するが、ミッションは**本業を抜きにして語れない**。
・経営理念は**経営者の哲学に由来**し、ミッションはその**企業の歴史に由来**する。

　とはいえ、経営理念という言葉はかなり広い意味で使われていま

す。ミッションと同様の内容を経営理念と読んでいる場合も少なくありません。呼び名はさておいて、社員が納得できる企業の「社会的使命」がコンセプトをつくる拠りどころのひとつになることだけは押さえておきましょう。

> **Q3** 私が所属する企業では数値目標（KPI）で
> ブランドを管理しています。
> コンセプトやビジョンを考えるという
> 慣習もないのですが、必要なものでしょうか？
> どのように言語化するプロセスを
> 組み入れればいいのでしょうか。

■ 数字を言葉に翻訳する

数値目標とコンセプトは、本来ならばセットで考えるべきです。数値目標は理想の「状態」を示すことはできますが、「行動」を記述することはできません。例えば「シェアを30％伸ばす」という目標を掲げても、それだけでは単なる精神論にしかなりませんね。シェアを30％上げるために、どのような行動をするべきか、どのような価値を広めるべきか、実現にはコンセプト、つまり言語目標が必要になるはずなのです（図B）。

（図B）

数値目標（TO BE）		言語目標（TO DO）
・業界No.1	⟶	？
・売上高3000億円　利益率40％へ	⟶	？
・顧客満足度　業界1位	⟶	？
・V字回復	⟶	？
・世界を代表するXXへ	⟶	？

数字を主体に考える会社の場合は、数字を言葉に翻訳する習慣を持ち込むのが良いでしょう。例えば、老舗の和食割烹が新業態に挑むというシチュエーションを想定します。もともとは1日10組限定、トップクラスの価格帯で、高い満足度を維持してきました。この老舗が新業態では大きく方針転換し、より若い世代をターゲットにしようというのです。主要KPI(重要業績評価指標) として①高い回転率（1日5回転）②居酒屋に負けない価格競争力（客単価3000円）③割烹と同程度の顧客満足度（満足度スコア3.8）の3つが掲げられました。どれも立派な数字です。けれど数値だけをいつまで眺めていても、どのような業態を開発するべきか、具体的な姿は見えてきません。

　そこで数値目標を言語目標に翻訳する作業が必要になるのです。「1日5回転」は「1時間で満足できる」と言語化できるでしょう。「客単価3000円」は「高級割烹の味を居酒屋価格に」と紐解き、「満足度スコア3.8」に関しては「来るたびに驚きがある」などとします。こうして**自社に都合のいい数字を、顧客の喜ぶ体験に読み替えていく**のです。1時間で満足できて、居酒屋価格となると業態は「立ち飲み」でしょうか。変革話法を活用して**「本格和食を、カジュアルな立ち飲みで。」**とすれば全体を統合するコンセプトになりそうです。新業態のカタチが、見えてきましたね（図C）。

(図C)

数 値 目 標		言 語 目 標
・1日5回転	→	1時間で満足
・客単価3000円	→	高級店の味を居酒屋価格で
・満足度スコア3.8	→	来るたびに驚きがある

本格和食を、カジュアルな立ち飲みで。

おそらく質問者の企業は、ビジネスが極めて安定している状態にあるのでしょう。長い年月、同じ勝ちパターンを繰り返しているブランドならば、数字を伝えるだけで行動が伝えられるのかもしれません。しかし、ひとたびビジネスが上手くいかなくなったとき、ブランドの本質を見失って打ち手がなくなるリスクもありえます。好調なときにこそ、商品の価値を見直しコンセプトを考えておくのも手ではないでしょうか。

Q4 マーケティングの仕事をしています。あらゆるレイヤーで「コンセプト」が出てきて混乱することがあります。ブランドコンセプト、プロダクトコンセプト、コミュニケーションコンセプト、それぞれの違いはなんでしょうか?

世の中には様々な「コンセプト」がありますが、原理原則は同じ。つくる人にとって「価値の設計図」になるものです。しかしながら、同じ「設計図」でもビジネスシーンによって、求められる性質は少しずつ変わるものです。本編では細かな違いまでは説明しきれなかったので、ここで補足しておきましょう。

求められるコンセプトの性質を見極める際、考慮すべき変数は「耐用年数」と「適用範囲」の2つです。

図Dをご覧ください。横軸はコンセプトの耐用年数を、縦軸はコンセプトの適用範囲をそれぞれ示しています。3つのうちブランドコンセプトが最も耐用年数が長く、また適用範囲が広くなっています。コミュニケーションコンセプトは最も小さな円で表現されます。

大きな円になるほど様々な領域を包括でき、かつ長く使用できる普遍性が求められる。一方で、円が小さくなるほど、より焦点の定まっ

た言葉が必要になる。この一般的な法則を理解した上で、それぞれについてもう少し深掘りして考えてみましょう。

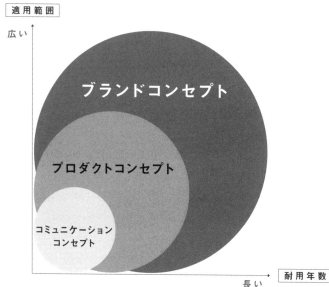

（図D）

■ ブランドコンセプトは「顧客との約束」

ブランドコンセプトは数十年単位で使われることが通常です。また商品、サービス、店頭、サイト、接客、あらゆる要素を束ねる必要があります。したがって3つの中では最も普遍的な内容を捉えなくてはいけません。ブランドコンセプトはいわば**「顧客との約束」**です。いつでも、どこでも、いつまでも、同じ価値を守り続ける覚悟が求められます。本書で取り上げた代表的なブランドコンセプトを以下に抜粋しておきましょう。

エアビーアンドビー「世界中を自分の居場所にする」、ユニクロ「LifeWear」、フレデリック マル「香りの出版社」、フェンティビューティ「Beauty for All」、エバーレーン「徹底的な透明性」、キャスパー

「The Sleep Company」。

■ プロダクトコンセプトは 「顧客がそれを買う本当の理由」

　プロダクトコンセプトを一歩踏み込んで説明するならば**「顧客が買う本当の理由」**を明確にする言葉です。モノとサービスの垣根がなくなる現代では、本当の購入理由を見極めるのがますます難しくなっています。

　かつて、建設機械メーカーは機械を売って終わりのビジネスモデルでした。もちろんアフターケアの類はありましたが、顧客とメーカーの関係性のピークは売買が成立する瞬間にあったのです。けれどもいまは、むしろ売ってから顧客との関係が始まる時代です。建設機械はすべてオンラインでつながっており、メーカーは建設現場から機械が盗まれていないか、故障がないかを確認したり、稼働状況から生産性を上げる提言をしたりしています。モノとサービスが渾然一体としているのです。顧客が最先端の建設機械を買う理由は「現場の生産性を上げる」ことかもしれないし「盗まれない安心感」もしれません。

　モノがサービス化する現象は自動車、家電、ランニングシューズ、スポーツウェア、飲料、あらゆる業界で起きていることです。モノとコトをつなぐ、新しい意味の発見がこれからますます重要になるでしょう。

　本書で取り上げたコンセプトは、単なる商品説明でもスペック紹介でもなく顧客が買う本質的な理由を上手く捉えたものばかりです。一例をここに再掲しておきます。

　アマゾン・キンドル「世界中の書籍を60秒以内に」、ソニー「ポケットに入るラジオ」、サントリー・ボス（BOSS）「働く人の相棒」、アッ

プルiPod「1000曲をポケットに」、ワコール「小さく見せるブラ」、ジーユー(GU)「走れるパンプス」、アオキ（AOKI)「パジャマスーツ」、任天堂Wii「家族の時間を取り戻す」、ファブリーズ「洗えないものを洗おう」、ジンズ（JINS)「目のいい人のメガネ」。

コミュニケーションコンセプトは「顧客の認識をどのように変えるか」

コミュニケーションコンセプトは、3つの中で「耐用年数」が短く、「適用範囲」も限定的です。だからこそ、その瞬間瞬間の課題をピンポイントで達成できるコンセプトが求められます。

サントリーの缶コーヒー、ボス（BOSS)は「働く人の相棒」という商品コンセプトを1990年代から変えていません。一方、コミュニケーションコンセプトは時代ごとの社会背景や働く人の状況変化に応じて変化させています。あるときは励まし、あるときは一緒に嘆き、あるときは希望を語り、話法を変えながら、相棒としての「距離感」は常に一定に保ってきました。コミュニケーションコンセプトには柔軟性が求められるのです。

もう1点。コミュニケーションコンセプトで大切なのは「なにを伝えるか」以上に**「顧客の認識をどのように変えるべきか」**を明確にするという点です。ゲータレードのキャンペーンを生み出したコンセプト「ON＜IN」を思い出してください。ターゲットである部活生はゲータレードという商品を信じなくなっていました。機能的なスポーツウェアやシューズそしてデバイスにはお金を払うものの、食べるものや飲むものはどうでもいいと思っていた。ここに変えるべき認識を見出したのです。誰の認識をどのように変えたいか。その答えのないコミュニケーションコンセプトは、設計図にはなりえません。

以上、3つのコンセプトの違いについて解説してきました。コンセ

プトをどれだけ長く使うのか、どれだけ広く使うのか。コンセプトを
書く際は是非、確認しておきましょう。

Q5 **コンセプトは個人で書くのでしょうか。
それともワークショップなど、グループワーク
として書くのが良いのでしょうか。**

　ワークショップの良いところは大きく2点あります。まずは、**ひと
りでは決して得られない視点と出会えること**です。ひとりで書き始め
ると、自分の中の問題意識や表現の引き出しだけで書いてしまうこ
とがあります。その点、グループワークでは思わぬ意見や異論に出会
い、視野を広げることができます。

　もうひとつの利点は、**プロセスを共有できるということ**です。コン
セプトの提案に対しては、多様なステークホルダーがあらゆる方向か
ら意見を投げかけてくるものです。すべてに対処しようと思えば、コ
ンセプトメイキングは前に進められません。その点、最初からワーク
ショップ形式でステークホルダーを巻き込むことができれば、合意を
得るのも容易になります。

　しかし、いいことだけではありません。ファシリテーターが相当上
手く場を仕切らない限り、**グループワークで生まれる結論は、予定調
和になってしまうという課題**があります。「みんな」の意見を集約し
ているうちにコンセプトは角が取れ、誰も反対しないけれど、同時に
誰かを猛烈に駆り立てることもない、中途半端な結論になってしまう
ことが多いのです。意味あるコンセプトを書くためは、個人がじっく
りと言葉に向き合う時間が欠かせません。

　時間とリソースに余裕があるならば、個人ワークとグループワー
クを組み合わせることをお勧めします。例えば、コンセプトの材料を
ワークショップで出し合い、それをインスピレーションに個人が書き

上げ、再びグループに共有するのです。2つの方法のいいとこ取りをすることができるでしょう。

Q6 コンセプトを書くスキルを伸ばすためにできるトレーニングは?

■ デコンストラクション
—— 現実を概念に解体する

コンセプトメイキングは言語を組み立てる技術です。組み立て方法を学ぶには、解体する作法を学ぶのが有効です。すでにカタチあるものを概念的に分解し、企画の初期状態に戻すことを「**デコンストラクション**」と呼びます。

身の回りの新商品や話題のサービス、ヒット映画やドラマ、音楽でもなんでも構いません。上手くいったものがどのようなコンセプトで提案されていたかを、紐解いてみましょう。その際、第4章で紹介した、ピラミッドモデルが役立ちます。どのようなインサイトを捉えていたのか。どのような競合の弱みを突いたのか。なぜその企業でなくてはならなかったのか。その先にどのようなビジョンが考えられるか。ピラミッドモデルを参考に6つのパーツ（カスタマーインサイト、コンペティター、カンパニー、コンセプト、ミッション、ビジョン）に分解できたら、それらを組み合わせてストーリーにしてみます。あたかも担当者であるかのように物語ることができれば成功です。

■ 勝手にリデザイン
—— コンセプトからやり直し

デコンストラクションは優れた商品やサービスに対して行うのが一般的です。反対にイマイチだと感じる商品を題材に、より良くする方法を考えるのがリデザイニングです。デコンストラクションと同様に

6つのマスから成るピラミッドに分解します。その上で、どこに問題があったのか？ を考えていきます。インサイトの捉え方を間違えていないか、競合の見方を誤っていないか、コンセプトが破綻しているのではないか、ビジョンは明確か。不具合を特定したら、それを望ましく書き換え、そこから商品やサービスをどのようにリデザインできるかを考えていきます。

■ 言葉のストック

　コンセプトメイキングを特技にするのであれば、日頃から言葉を拾い集めておくのが良いでしょう。小説のハッとする表現。気になるネーミング。雑誌の表紙で目を引いたタイトル。これだけ言葉が溢れる時代に、思わず指や目を留めた言葉には、なにかがある。そうやって蓄えた言葉のストックはあなたの財産になります。ただし、集めた言葉はそのまま使うわけではありません。その言葉がもたらす「読後感」を思い出すことを目的としましょう。パッとイメージを伝える言葉や、グッと胸を掴む共感の言葉。集めた言葉たちが、コンセプトを考える際のガイドになってくれるはずです。

参考文献

- 『突破するデザイン あふれるビジョンから最高のヒットをつくる』ロベルト・ベルガンティ著／八重樫文、安西洋之監訳(日経BP)2017年
- 『デザイン・ドリブン・イノベーション』ロベルト・ベルガンティ著／佐藤典司監訳／岩谷昌樹、八重樫文監訳・訳(クロスメディア・パブリッシング) 2016年
- 『Airbnb Story 大胆なアイデアを生み、困難を乗り越え、超人気サービスをつくる方法』リー・ギャラガー著／関美和訳(日経BP)2017年
- 『スターバックス成功物語』ハワード・シュルツ、ドリー・ジョーンズ・ヤング著／小幡照雄、大川修二訳(日経BP)1998年
- 『OBSESSED: BUILDING A BRAND PEOPLE LOVE FROM DAY ONE』Emily Heyward, Portfolio, 2020
- 『イノベーションは日々の仕事のなかに 価値ある変化のしかけ方』パディ・ミラー、トーマス・ウェデル=ウェデルスボルグ著、平林祥訳(英治出版)2014年
- 『水平思考の世界 電算機時代の創造的思考法』エドワード・デボノ著、白井實訳(講談社)1971年
- 『考えなしの行動?』ジェーン・フルトン・スーリ、IDEO著／森博嗣訳(太田出版) 2009年
- 『How Customers Think: Essential Insights into the Mind of the Market』Gerald Zaltman, Harvard Business Review Press, 2003
- 『問いこそが答えだ 正しく問う力が仕事と人生の視界を開く』ハル・グレガーセン著／黒輪篤嗣訳(光文社)2020年
- 『逆転の生み出し方』アダム・モーガン、マーク・バーデン著／文響社編集部訳(文響社) 2018年
- 『スティーブ・ジョブズ』I・II巻 ウォルター・アイザックソン著／井口耕二訳(講談社) 2011年
- 『Invent&Wander ジェフ・ベゾス Collected Writings』関美和訳(ダイヤモンド社) 2021年
- 『スティーブ・ジョブズ全発言 世界を動かした142の言葉』桑原晃弥著(PHP研究所)2011年
- 『イーロン・マスクの言葉』桑原晃弥著(きずな出版) 2018年
- 『未来は言葉でつくられる 突破する1行の戦略』細田高広著(ダイヤモンド社) 2013年
- 『解決は1行。』細田高広著(三才ブックス) 2019年
- 『井深大 自由闊達にして愉快なる 私の履歴書』井深大著(日本経済新聞出版) 2012年
- 『ゼロ・トゥ・ワン 君はゼロから何を生み出せるか』ピーター・ティール、ブレイク・マスターズ著／関美和訳(NHK出版) 2014年
- 『シャネル 人生を語る』ポール・モラン著、山田登世子訳(中央公論新社) 2007年
- 『シャネル 最強ブランドの秘密』山田登世子著(朝日新聞社) 2008年
- 『走ることについて語るときに僕の語ること』村上春樹著(文藝春秋) 2007年
- 『夢十夜 他二篇』夏目漱石著(岩波文庫) 1986年
- 『USJのジェットコースターはなぜ後ろ向きに走ったのか?』森岡毅著(角川書店) 2014年

- 『ストーリーとしての競争戦略 優れた戦略の条件』楠木建著(東洋経済新報社) 2010年
- 『理念と利益 顧客への約束が最も大きな利益を生み出す理由』笠松良彦著(デザインエッグ社) 2021年
- 『問いのデザイン 創造的対話のファシリテーション』安斎勇樹、塩瀬隆之著(学芸出版社) 2020年
- 『「イノベーター」で読む アパレル全史』中野香織著(日本実業出版社) 2020年
- 『アイデアのつくり方』ジェームス・W・ヤング著、今井茂雄訳、竹内均解説(CCCメディアハウス) 1988年
- 『ecute物語 私たちのエキナカプロジェクト』JR東日本ステーションリテイリング 鎌田由美子、社員一同著(かんき出版) 2007年
- 『アラン・ケイ』Alan Curtis Kay著、鶴岡雄二訳、浜野保樹監修(アスキー) 1992年
- 『WHYから始めよ! インスパイア型リーダーはここが違う』サイモン・シネック著、栗木さつき訳(日本経済新聞出版) 2012年
- 『ジョブ理論 イノベーションを予測可能にする消費のメカニズム』クレイトン・M・クリステンセン他著、依田光江訳(ハーパーコリンズ・ジャパン) 2017年
- 『スタンフォード大学 夢をかなえる集中講義』ティナ・シーリグ著、高遠裕子訳(CCCメディアハウス) 2016年
- 『アイデアのちから』チップ・ハース、ダン・ハース著、飯岡美紀訳(日経BP) 2008年
- 『世界を動かした21の演説 あなたにとって「正しいこと」とは何か』クリス・アボット著、清川幸美訳(英治出版) 2011年
- 『生き方 人間として一番大切なこと』稲盛和夫著(サンマーク出版) 2004年
- 『パーパス経営 30年先の視点から現在を捉える』名和高司著(東洋経済新報社) 2021年
- 『戦略の策定には創造的発想が欠かせない』アダム・ブランデンバーガー著、有賀裕子訳 DIAMONDハーバード・ビジネス・レビュー論文 2019年8月号(ダイヤモンド社)
- 『そもそも解決すべきは本当にその問題なのか』トーマス・ウェデル=ウェデルスボルグ著、スコフィールド素子訳 DIAMONDハーバード・ビジネス・レビュー2018年2月号(ダイヤモンド社)
- 『類語国語辞典』大野晋、浜西正人著(角川書店) 1985年
- 『[例解]現代レトリック事典』瀬戸賢一、宮畑一範、小倉雅明編著(大修館書店) 2022年

- UNIQLO, About LifeWear
  - https://www.uniqlo.com/jp/ja/contents/lifewear/philosophy/
- DesignStudio,Airbnb CREATING THE WORLD'S FIRST COMMUNITY DRIVEN SUPERBRAND
  - https://design.studio/work/air-bnb
- What makes Airbnb, Airbnb
  - https://news.airbnb.com/what-makes-airbnb-airbnb/
- EVERLANE
  - https://www.everlane.com/about
- SEA BREEZE 120年の歴史
  - https://www.seabreezeweb.com/study/
- 仏生山まちぐるみ旅館
  - https://machiyado.jp/find-machiyado/busshozan.html
- Reuters: Amazon.com takes Kindle global 2009年10月7日
  - https://jp.reuters.com/article/us-amazon/amazon-com-takes-kindle-global-idUSTRE5960K820091007
- XD 2018年4月『「食材を届けて終わりではなく、その先の満足が重要」Oisixの愛され続けるサービスへの取り組み』
  - https://exp-d.com/interview/1216/
- Agenda note 2018年7月『RIZAP、P&G「ファブリーズ」に学ぶ、市場創造の方法』
  - https://agenda-note.com/brands/detail/id=321&pno=1
- Billboard Japan『YouTubeチャンネル「THE FIRST TAKE」がチャートに与えた影響とは』
  - https://www.billboard-japan.com/special/detail/3066
- BUSINESS INSIDER 2018年3月『イーロン・マスクが地球の未来について語った12のこと』
  - https://www.businessinsider.jp/post-163319
- ENGLISH SPEECH | ELON MUSK: Think Big & Dream Even Bigger (English Subtitles)
  - https://www.youtube.com/watch?v=BDIRabVP24o&t=1s
- トヨタフィロソフィー
  - https://global.toyota/jp/company/vision-and-philosophy/philosophy/
- 朝日新聞デジタル 2019年1月『「性を表通りに」、TENGAの挑戦①』
  - https://www.asahi.com/articles/ASM1D2TVMM1DULZU001.html
- 森ビルの総合震災対策
  - https://www.mori.co.jp/urban_design/img/safety_pamphlet.pdf

- ヤマハ発動機グループ　企業理念
  - https://global.yamaha-motor.com/jp/profile/philosophy/
- 家電Watch『そこが知りたい家電の新技術 シャープ ウォーターオーブン「ヘルシオPro」』
  - https://kaden.watch.impress.co.jp/cda/column/2006/10/04/16.html
- Forbes JAPAN 2017年1月『宅急便は単なる運送業にあらず！ ヤマトホールディングス
  山内社長』
  - https://forbesjapan.com/articles/detail/14742/2/1/1
- AdAge 2012年1月 GATORADE: WIN FROM WITHIN
  - https://adage.com/creativity/work/win-within/25737
- IKEUCHI ORGANIC 2023年2月『違いがあってこそ、オーガニック。
  その年々のコットンの風合いを愉しむタオル「コットンヌーボー」』
  - https://www.ikeuchi.org/magazine/cottonnouveau/
- THE MARKETING SOCIETY,HOW RIHANNA'S FENTY BEAUTY
  DELIVERED 'BEAUTY FOR ALL'
  - https://www.marketingsociety.com/think-piece/how-rihannas-fenty-beauty-delivered-beauty-all
- 旭山動物園ヒストリー・14枚のスケッチ
  - https://www.city.asahikawa.hokkaido.jp/asahiyamazoo/2200/p008762.html
- メルカリの3つのバリューとワーディングへのこだわり
  - https://mercan.mercari.com/articles/2016-05-13-112843/
- MoTのMVVができるまで〜MoT4WHEELSに込めた想い〜
  - https://now.mo-t.com/n/n99c902f9eb10

■ 異常値が価値になる

　本書の執筆にあたって、3つのことを心がけてきました。

　1つ目に「ひらめき」のひと言で片づけられてしまうコンセプトメイキングを、できる限り論理的に解説すること。2つ目に抽象論でお茶を濁すのではなく、明日から使える具体的フレームワークを提供すること。そして、3つ目に発想から表現まで一連の流れをカバーすることです。

　すべては再現性を高め、できる限り多くの人に「書けた！」という手応えを味わっていただくためでした。実践のための教科書であるからこそ、最後に本書の限界についても正直に伝えておくべきでしょう。

　本書の手順にのっとってビジネス課題に向き合い論理的に考えていけば、世に出して恥ずかしくないコンセプトが書けるはずです。しかし残念ながら、それだけでは社会に大きな意味をもたらすコンセプトを書くには物足りません。逆説的ですが、フレームワークという論理の力を最大限に使うためには論理を超える「異常値」が必要なのです。

　これまでに紹介したコンセプトを振り返ってみてください。人類が複数の星で暮らせる日を夢見てつくられた再利用可能なロケット。巨大なコンピューターが当たり前の時代に構想された、子どもでも使えるパーソナル・コンピューター。空き部屋に泊まれるようにして、世界中に居場所をつくろうと呼びかけるスタートアップ。業界がひた隠しにしてきた闇の部分を透明にし、原価や工場の生産工程までつまびらかに開示してしまうアパレル企業。

　お手本として挙げられるビジネスコンセプトの原案は、どれも最初は

周囲を驚かせ、呆れさせ、激怒させ、だからこそ潰されそうになった「ヤバい」発想でした。本書で解説してきた方法論は、モンスターを飼い慣らす手綱のようなもの。常識から逸脱した着想ほど、フレームワークの効果で、魅力的なコンセプトに叩き上げられる可能性が高いのです。

　ですから、コンセプトを書く際には、どうか正論に逃げ込まないでください。最初から枠に収めることを意識して予定調和に考えたり、萎縮して小さくまとめようとしたりすれば、どうやっても凡庸なコンセプトに落ち着きます。世の中で受け入れられそうな正論の代わりに、ご自身の中にある少数意見をすくい上げて欲しいのです。

　どんなに恵まれた人であっても、現在の生活や社会に対して少なからず「怒り」を持っているでしょう。または、こんな未来になったらいいのに、という「妄想」を抱いているかもしれません。もしくは、これが好きでたまらない! という「偏愛」を心の奥底に隠してはいないでしょうか。怒りや妄想や偏愛や、日々のビジネス活動の中では雑念として扱われる、ごく個人的な感情を白紙に書き出してみましょう。並んだ言葉は、新しいビジネスを生み出す希少資源。周囲に変に思われるかもしれない、とあなたがためらうことにこそ、新しい価値が潜んでいるに違いありません。

　ビジネスパーソンは流行りのテーマに飛びつくのが大好きです。ソサエティ5.0、6.0、7.0…WEB2.0、3.0、4.0、5.0…と、この先も永遠にカウントアップしていくことでしょう。番号を振るだけで時代を斬っている気分を味わえますから。AI、量子コンピューター、ビッグデータ、DX、ブロックチェーン、CSR、ESG、SDGsといった新語も絶え間なく供給されるでしょう。口にするだけで自らの先端性を証明できる言葉は、絶えず需要がありますから。

　しかし、こうした流行語はあくまでも評論家や投資家や、外野のためのものです。最前線で価値をつくろうとする人たちは、こうした流行に

付き合う素振りを見せたとしても、踊らされることはありません。代わりに、新しい生活や社会の具体的構想、つまりコンセプトを語ろうとします。まだ誰も言語化できていないことを、粗削りでも自分の言葉で表現しようとするのです。少なくとも私が出会ってきた、価値のつくり手たちはそうでした。

　批評の言葉より、知ったかぶりの言葉より、つくる人による、つくるための言葉を世の中にもっと。そのために、わずかでも本書が影響を与えられることを願ってやみません。長い書籍の、最後の最後の段落まで読んでくださっている皆様、ありがとうございました。本を閉じたら、あとは書くだけです。皆さんのコンセプトに、暮らしのどこかで出会える日を楽しみにしております。

　本書を世に送り出すにあたって多くの方のサポートをいただきました。まずは学生時代からの付き合いになる古屋荘太さん。いつか書ければと思っていた本書を、いまこうしてお届けできているのは彼の軽やかな行動力のおかげです。天田卓良さんには研修プログラムの開発を通じ、特にインサイトに関して重要な視点をいただきました。最初に企画を聞いてもらえたのがダイヤモンド社の市川有人さんだったのは幸運でした。本書には数々のヒット作を送り出してきた市川さんの発想法も当然ながら盛り込まれています。同じくダイヤモンド社の宮﨑桃子さんには最後の仕上げまで丁寧に導いてもらうだけでなく、本書の手薄な部分に関して重要な指摘をいただきました。その他、数多くのビジネスパートナーの皆さんの影響や家族の協力があって本書はでき上がっています。改めて感謝を申し上げます。

細田高広

[著者]

細田高広 （ほそだ・たかひろ）

クリエイティブディレクター

一橋大学卒業後、博報堂に入社。米国のクリエイティブエージェンシーTBWA\CHIAT\DAY
を経て、TBWA\HAKUHODOに所属。2022年から同社のチーフ・クリエイティブ・オフィサー
（CCO）を務める。これまで、コピーライター出身のクリエイティブディレクターとして企業
のブランディングを担う一方、家電・モビリティ・アパレル・化粧品・飲料・金融などの商品
コンセプトから、ビジョンやパーパスなど経営コンセプトまで広く開発を手がけてきた。また、
企業研修を中心に「コンセプト・メイキング」や「ブランド・ストーリーテリング」などビジ
ネスに必要な創造性を学ぶ実践的なプログラムを提供している。2015年と2018年にCampaign
Asia-Pacific誌のジャパン／コリアクリエイティブ・パーソン・オブ・ザ・イヤーに選出。マー
ケティングコミュニケーション業界の傑出した若手リーダーを選出する「40 under 40」（40歳
未満の40人）や、AdAge による「注目すべき世界のクリエイター」のひとりに選ばれて特集
が組まれるなど、国内外で注目されてきた。カンヌライオンズ金賞ほか受賞多数。著書に『未
来は言葉でつくられる』（ダイヤモンド社）などがある。

コンセプトの教科書
——あたらしい価値のつくりかた

2023年 5 月30日　第 1 刷発行
2024年10月15日　第 8 刷発行

著　者——細田高広
発行所——ダイヤモンド社
　　　　〒150-8409　東京都渋谷区神宮前 6-12-17
　　　　https://www.diamond.co.jp/
　　　　電話／03-5778-7233（編集）　03-5778-7240（販売）

ブックデザイン——小口翔平 + 畑中茜(tobufune)
本文イラスト——若田紗希
DTP————小山悠太
校正————ぷれす
企画————古屋荘太(本の企画)
製作進行——ダイヤモンド・グラフィック社
印刷————加藤文明社
製本————本間製本
編集担当——宮﨑桃子、市川有人

本書の感想募集 http://diamond.jp/list/books/review

本書をお読みになった感想を上記サイトまでお寄せ下さい。
お書きいただいた方には抽選でダイヤモンド社のベストセラー書籍をプレゼント致します。

熱狂的ストーリーを生み出す 1行の戦略

楠木建氏推薦！ アップル、グーグル、アマゾン、ディズニー、パタゴニア…etc. 熱狂的ストーリーを生み出す「ビジョナリーワード」のつくり方を、気鋭のクリエイターが解説。商品開発から経営戦略、マネジメント、人生設計まで役立つ言葉の技術が満載。

未来は言葉でつくられる
突破する1行の戦略
細田高広［著］

●四六判並製●定価（本体1500円＋税）